Mesurer la performance
du contrôle de gestion

Éditions d'Organisation
Groupe Eyrolles
61, bd Saint-Germain
75240 Paris cedex 05

www.editions-organisation.com
www.editions-eyrolles.com

David Autissier

Mesurer la performance du contrôle de gestion

EYROLLES

Éditions d'Organisation

Sommaire

Introduction

Cet ouvrage a été initié en réponse à de nombreuses questions d'entreprises quant à la performance de leurs fonctions supports telles que le système d'information, les ressources humaines, le commercial, le contrôle de gestion, la comptabilité.

La recherche d'outils d'évaluation porte sur les fonctions supports, mais également sur des dispositifs transverses dont la performance est difficile à formaliser. Ces dispositifs peuvent concerner la qualité, la gestion de la connaissance, la responsabilité sociale des entreprises, la gestion du changement, la gestion de projet. Cette demande de propositions de démarches et d'outils est souvent mentionnée lors de l'intégration de ces fonctions supports ou dispositifs transverses dans la stratégie de l'entreprise. Il s'agit de déterminer le niveau de ressources nécessaires pour l'obtention d'objectifs conditionnant la réussite de la stratégie. Perçus comme des centres de coûts qu'il faut chercher à minimiser, leur appréhension peut parfois faire l'objet d'interrogations, comme le montre le discours d'un directeur général d'un grand groupe.

« Tous vos tableaux de bord et techniques de pilotage me disent à quel prix je produis et mes niveaux de marges, mais je ne sais pas si je dois conserver mon service informatique et les autres fonctions supports en l'état. Dois-je les transformer ? Sont-elles performantes ? Dois-je externaliser tout ou en partie ? Je n'ai que peu d'indications concernant la performance de mes fonctions supports alors qu'elles représentent un coût non négligeable, mais surtout elles jouent un rôle de coordination important voire primordial pour la réalisation de mon activité. »

Les outils de pilotage formalisés et packagés s'intéressent au business général de l'entreprise sans faire de focus particulier sur la mesure de la performance et l'évaluation des fonctions supports dites « périphériques » et considérées comme des centres de coûts à optimiser.

Les techniques d'évaluation sont d'ordre financier, avec des évaluations économiques qui concernent toute l'entreprise sous la forme de ratios comme l'EBITDA ou l'EVA, sur lesquels nous reviendrons plus en détail dans le chapitre 1. Les méthodes de construction des tableaux de bord du type *Balanced Scorecard* ou navigateur Skandia proposent des réseaux d'indicateurs à différents niveaux, mais ne traitent pas particulièrement l'évaluation fonctionnelle.

Absente des techniques de comptabilité analytique, des évaluations financières et des tableaux de bord, nous nous sommes intéressés à ce que pourrait être l'évaluation d'une fonction support et avons proposé à ce sujet un modèle d'évaluation fonctionnelle qui préconise une mesure selon quatre axes, dont l'ensemble permet une appréciation générale et prospective.

Ce modèle est valable pour toutes les fonctions supports et les dispositifs de gestion transverses d'une entreprise. Il permet d'apprécier leur niveau de performance en termes de prestations, de compétences, d'organisation et de satisfaction client. Par des techniques de questionnaires qui permettent de comparer une réalité à un modèle idéal, nous obtenons, pour chaque axe, une mesure quantitative qui permet de procéder à un diagnostic de performance de la fonction et de proposer des pistes d'amélioration.

Ce livre, qui traite de l'évaluation de la fonction contrôle de gestion, est le premier d'une collection qui vise à donner, pour les différentes fonctions supports et dispositifs de gestion transverses, une technique d'évaluation à partir d'un modèle de pilotage fonctionnel standard.

Pour vous aider à évaluer votre fonction contrôle de gestion, nous vous proposons un premier chapitre expliquant les origines et le contenu du modèle de l'évaluation fonctionnelle. Le chapitre 2 donnera une définition de la fonction contrôle de gestion afin d'en apprécier le périmètre. Les évaluations des prestations, des compétences, de l'organisation et de la satisfaction client sont abordées respectivement dans les chapitres 3, 4, 5 et 6. Le chapitre 7 engage une synthèse des évaluations des quatre axes pour constituer un diagnostic global. Le chapitre 8 présente des cas d'utilisation de ce modèle. Enfin, l'annexe donnera des clés de réponse à l'amélioration de la fonction.

Le modèle d'évaluation fonctionnelle (MEF)

- La nécessité d'évaluer pour piloter
- Les composantes du modèle d'évaluation fonctionnelle (MEF)
- Le modèle MEF et les tableaux de bord
- Le modèle MEF et l'évaluation financière

De nombreux articles et ouvrages sont consacrés à la notion d'évaluation. Le point commun entre toutes ces communications est le fait de privilégier des valorisations financières obtenues par des techniques d'actualisation et de pondération de certains postes de charges et de produits. Ces techniques, très utilisées lors de rachats d'entreprises et d'introduction sur différents marchés boursiers, ne valent que lorsque l'entité évaluée dispose d'un compte de résultats et d'un bilan. Comment faire lorsque celle-ci ne dispose pas de ces documents ? Cette question se pose lorsqu'il s'agit de réaliser les évaluations des fonctions supports qui ne sont pas gérées en tant que centres de profits avec des recettes et des coûts clairement identifiés.

Comment faire pour évaluer une fonction ressources humaines ou contrôle de gestion qui ne réalise pas de recettes à proprement parler, et dont les informations de bilans et de résultats ne sont pas aussi formalisées que pour une entreprise qui a l'obligation de fournir des comptes ? C'est à cette question que nous nous intéressons en proposant un modèle d'évaluation fonction-

Méthode

nelle (MEF), opérationnel et complémentaire des approches financières globales. Pour différencier l'évaluation financière de celle des fonctions transverses, nous qualifions cette dernière d' « évaluation fonctionnelle ».

La nécessité d'évaluer pour piloter

Comment évaluer une fonction transverse d'une entreprise ? La notion d'évaluation peut être définie comme l'élément déclencheur de la boucle du pilotage. L'évaluation consiste en la réalisation de mesures qui permettent de dire si un fonctionnement est performant ou pas, et quelles sont les actions de correction et d'amélioration à mener.

Figure 1 : Le triptyque du pilotage

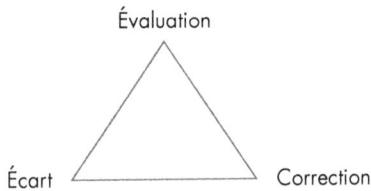

La question du pilotage est omniprésente dans les entreprises. Il ne suffit pas de faire, mais de savoir si ce que l'on fait correspond à ce qui devrait être fait dans les meilleures conditions de coûts et de qualité[1]. Le management actuel exige des salariés en situation de responsabilités qu'ils produisent, mais aussi qu'ils contrôlent leur activité et pensent son évolution tant au niveau micro que macro. Un directeur d'usine témoigne pour symboliser ce nouvel état d'esprit managérial.

---

1. Pour exprimer cette idée, les sciences de gestion ont inventé la notion de performance. Est présumé performant ce qui est réalisé selon les objectifs attendus (efficacité) et au moindre coût (efficience).

« Quand je suis rentré dans cette entreprise, on me demandait de pouvoir réaliser des pièces au micron dans tous les alliages, alors que maintenant on me demande de faire des tableaux de bord et autres analyses pour mieux gérer le processus de fabrication ou les variations de prix des matières premières. Ma compétence technique est devenue un prérequis à l'exercice de mon activité de pilotage. »

La notion de mesure est très importante en gestion. Sans mesure, la boucle du pilotage ne peut être réalisée. La mesure peut être relative mais reste indispensable à toute action de pilotage, car elle constitue une évaluation qui permet de voir les évolutions et d'établir les écarts par rapport à un objectif et/ou d'autres repères dans une logique de comparaison. La mesure est une manière d'objectiver la réalité pour procéder ensuite à un diagnostic de celle-ci et engager des actions nécessitant des ressources. L'exemple suivant montre à quel point la mesure est importante pour agir. Ce n'est pas tant la valeur absolue qui importe, mais sa définition et son évolution dans le temps.

« Y'a pas d'ambiance »

Ce texte est le récit d'un responsable d'un service comptable qui a dû innover pour répondre aux attentes de ses collègues en terme d'ambiance.

« Récemment nommé directeur du service comptabilité, je décidai de m'entretenir avec tous mes collaborateurs en les interrogeant sur ce qui était bien, ce qu'il serait bien d'améliorer et ce qu'ils aimeraient faire. Mes entretiens furent riches d'enseignements sur un fonctionnement qui m'était inconnu, et cela me permit de mieux faire connaissance avec mes collègues de travail. Je fus étonné sur un point. Tous sans exception se plaignaient du manque d'ambiance dans le service. Quand je leur demandais de m'expliquer pourquoi et quels étaient les éléments dont ils disposaient pour justifier cet état de fait, j'obtenais des sens communs mais pas d'éléments objectifs me permettant d'adhérer à leurs affirmations. On me répondait par des phrases de type « on sent que l'on dérange, les gens rient moins, certains ne disent pas toujours bonjour, il y en a de plus en plus qui font la gueule... ». Était-ce vrai ou bien était-ce une manière de dramatiser une situation par peur qu'elle ne devienne comme cela ? Ma jeunesse dans le service ne me permettait pas vraiment

Méthode

de pouvoir valider ou invalider ces dires. Comme le sujet revenait systématiquement, je les ai convoqués à une réunion dont l'objet était d'établir une mesure de l'ambiance pour savoir s'il y avait un problème et, si oui, quelles étaient ses composantes pour pouvoir apporter des actions correctrices. Quand j'ai proposé cela, ils m'ont regardé avec surprise en rétorquant que l'ambiance ne se mesure pas ! Il a donc fallu mettre les personnes en atelier et leur demander :

- de donner une définition et les composantes de l'ambiance ;
- de proposer pour chacune des composantes des mesures ;
- d'avancer une mesure globale de l'ambiance et des objectifs.

Cette structuration a permis de définir la notion d'ambiance sous la forme d'une équation : ambiance = relations quotidiennes + événements + lieux de détente. Pour chaque élément, les participants ont proposé des composantes observables et mesurables. Par exemple, les relations quotidiennes ont été :

- dire bonjour ;
- être positif ;
- être bien accueilli par un collègue quand on le sollicite ;
- aider un collègue quand il est en difficulté ;
- savoir remercier ;
- savoir valoriser les efforts consentis.

Pour chacun de ces items, il a été décidé d'interviewer les salariés au moyen d'un questionnaire avec des questions du type : « Quel est le pourcentage de personnes dans votre service qui savent être positives ? » *a) moins de 10 % ; b) entre 10 et 25 % ; c) entre 25 et 50 % ; d) entre 50 et 80 % ; e) plus de 80 %.*

En donnant une valeur d'indice à chaque réponse et en ayant ces mêmes valeurs d'indice pour toutes les questions, il a été possible d'avancer une valeur pour les relations au quotidien, les événements, les conditions de travail et, globalement, pour l'ambiance. Ce travail de définition et de mesure a permis de construire un indice d'ambiance afin d'objectiver une réalité et d'agir en conséquence. Il a été possible de dire : « notre indice d'ambiance est x, nos objectifs sont de y, et pour combler l'écart il faudra mener telles actions… ».

Taux d'ambiance

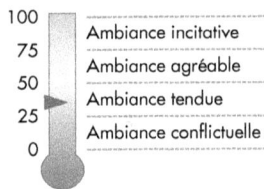

100	Ambiance incitative
75	Ambiance agréable
50	Ambiance tendue
25	Ambiance conflictuelle
0	

Le pilotage d'une fonction support réside dans le niveau d'investissement qu'un dirigeant juge pertinent au regard de ses besoins et obligations. Pour cela, nous proposons de développer le modèle d'évaluation fonctionnelle (MEF) qui permettra à un dirigeant d'avoir des éléments de réponse aux questions suivantes, représentatives des besoins de pilotage des fonctions supports :

Méthode

▸ La fonction support me coûte-t-elle trop cher ? Quels sont les postes d'économie ?

▸ Dois-je conserver une fonction support ou la supprimer ?

▸ Dois-je internaliser ou externaliser tout ou partie d'une fonction support ?

▸ Dois-je intégrer une fonction support dans les métiers de l'entreprise ou la laisser en tant que fonction indépendante ?

▸ Quelles obligations de production puis-je demander à une fonction support ?

▸ Le positionnement et le management de la fonction support sont-ils pertinents ?

▸ Comment rendre une fonction support plus performante ?

▸ Quel est le niveau de satisfaction des clients d'une fonction support ?

Comme le montre l'exemple précédent de l'ambiance, les réponses aux questions nécessitent une objectivation et une mesure de certaines variables de gestion, représentatives de l'activité et de la performance d'une fonction support. Le modèle d'évaluation fonctionnelle (MEF) propose une réponse méthodologique et opérationnelle à toutes ces questions en complément des approches d'évaluation financière et des tableaux de bord stratégiques.

Les fonctions supports sont des centres de production à optimiser mais également des dispositifs de pilotage et de coordination de toutes les activités de l'entreprise. L'enjeu de leur pilotage, auquel le modèle MEF apporte des solutions, est double : performance opérationnelle et stratégique.

Méthode

Les composantes du modèle d'évaluation fonctionnelle (MEF)

Une fonction support d'entreprise est un ensemble de ressources réalisant différentes prestations pour les autres services dans le but de favoriser l'activité de ces derniers. Une fonction support est constituée d'individus doués de compétences, de matériel et d'une organisation ; cet ensemble a un coût, et sa performance s'analyse en rapportant ce coût à la quantité et à la qualité des prestations réalisées.

Les fonctions supports sont surtout présentes dans les moyennes et grandes organisations. Dans les petites entreprises, elles sont souvent intégrées à une fonction administrative générale gérée par un salarié ou par le dirigeant/fondateur. Lorsque la technicité est trop importante, les PME font généralement appel à la sous-traitance, comme c'est le cas avec l'informatique. Certaines PME, en fonction de leur activité, peuvent très bien avoir des fonctions dites « transverses » qui constituent le cœur de leur activité. Par exemple, une PME qui fait de la distribution aura une force de vente importante qui représentera peut-être 80 % de son effectif.

Les principales fonctions supports sont :

- le contrôle de gestion ;
- les ressources humaines ;
- le marketing ;
- la comptabilité ;
- le commercial ;
- la communication ;
- l'informatique ;
- les systèmes d'information ;
- la logistique ;
- le juridique ;
- les services généraux ;
- l'audit ;

Méthode

◗ la finance ;
◗ l'international ;
◗ les achats.

Le nombre, les intitulés et les effectifs des fonctions transverses évoluent selon les entreprises. Ces fonctions supports peuvent s'accompagner de missions transverses sans structure propre, mais qui ont la même problématique de pilotage. Parmi ces missions, on peut trouver la conduite du changement, la formation, la communication interne, la gestion de la connaissance, la responsabilité sociale des entreprises, etc.

Que faut-il mesurer pour évaluer une fonction support ?

En tant que dirigeant d'une entreprise, que suis-je en mesure d'attendre d'une fonction support ? En tant que responsable d'une fonction support, quelles sont les variables de pilotage pertinentes ? Ces questions et celles déjà énoncées précédemment traitent de quatre grands thèmes que sont les activités, les compétences, les ressources et les clients. Ces quatre thèmes structurent l'évaluation de la performance d'une fonction support et nous invitent à trouver des mesures objectives pour chacun d'eux.

Mesurer les activités d'une fonction support

La fonction transverse réalise-t-elle tout ce qu'elle devrait faire ? Cette question traite de la formalisation de ce qui est réellement fait et de l'écart qu'il y a entre l'activité théorique et réelle. Cela oblige à formaliser les produits et prestations et à les comparer à un référentiel exhaustif pour déterminer des écarts d'activités.

Mesurer les compétences d'une fonction support

Les professionnels de la fonction support sont-ils compétents ? Cette question s'intéresse à la compétence des individus qui occupent les postes de la fonction support. Pour réaliser les produits et prestations, l'entreprise dispose-t-elle des compétences nécessaires ? Quel est le niveau de compétence des salariés et

Méthode

quelles sont les actions à mener en fonction d'un niveau d'ambition affiché ? L'évaluation des compétences existantes et souhaitées ainsi que l'évolution des écarts permettront d'aborder des éléments de réponse aux questions posées.

Mesurer les ressources allouées à une fonction support

L'organisation de la fonction transverse est-elle performante ? Cette question traite de l'évaluation des ressources qui sont mobilisées pour faire fonctionner la fonction support. La notion de ressources est ici comprise comme l'ensemble des moyens mis à la disposition des acteurs pour réaliser leur activité. Cela comprend l'organisation, le style de management mais aussi les coûts engagés en dépenses d'investissement et de fonctionnement.

Mesurer la satisfaction des clients d'une fonction support

Les clients de la fonction support sont-ils satisfaits des prestations ? Cette question s'intéresse aux clients de la fonction transverse et à leur niveau de satisfaction. Une fonction transverse livre ses prestations à différents types de clients, qu'ils soient internes et/ou externes à l'entreprise. Il s'agit donc d'évaluer leur avis.

Ces quatre thèmes et les questions qu'ils sous-tendent nous permettent d'avancer un modèle d'évaluation fonctionnelle.

Un modèle d'évaluation fonctionnelle à quatre pôles

Le modèle d'évaluation fonctionnelle (MEF) se décompose en quatre pôles qui définissent les composantes d'une fonction support.

Le pôle activités

Le pôle activités définit le quoi et ce que réalise la fonction transverse. Il est très difficile de s'interroger sur la performance d'une entité si on ne sait pas ce qu'elle est censée réaliser. Dans le domaine des fonctions supports, ces référentiels d'activités ne sont pas toujours présents ou, lorsqu'ils le sont, ces derniers ne sont pas systématiquement mis à jour.

L'objectif du pôle activités est de définir l'ensemble des prestations et produits pouvant être réalisés par la fonction support. Il peut être scindé en trois parties :

» les produits et prestations récurrents ;

» les produits et prestations conjoncturels ;

» les produits et prestations innovants.

Dans le cadre de leur activité, les fonctions supports doivent réaliser, de manière récurrente, des prestations en opposition aux tâches dites « conjoncturelles ». Cette différence de fréquence peut s'expliquer par des phénomènes de cycle de gestion ou en fonction des besoins des clients internes. Les compétences pour les activités récurrentes sont indispensables, tandis que celles mobilisées pour les activités conjoncturelles peuvent être réalisées avec des prestataires externes. Les produits et prestations innovants définissent des expérimentations de nouvelles techniques pour faire évoluer les activités de la fonction support.

Le pôle activités consiste à lister tout ce que doit faire théoriquement la fonction support afin de confronter ce référentiel aux activités réelles et de traiter du bien-fondé ou non des écarts d'activités.

Le pôle compétences

Le pôle compétences définit le qui. Il évalue qualitativement les ressources humaines à travers les compétences qui doivent être connues et maîtrisées par les personnes qui occupent les postes de la fonction. Les compétences exigées sont de différentes natures : techniques, comportementales et connaissance du métier de l'entreprise.

Le pôle compétences liste l'ensemble des savoirs que les différents métiers de la fonction traitée doivent maîtriser. Nous distinguons trois types de compétences :

» Les compétences métier : elles assurent la connaissance du métier et de la stratégie de l'entreprise.

Méthode

▶ Les compétences techniques : elles listent tous les savoir-faire liés aux productions de la fonction support. On les appelle parfois les « compétences fonctionnelles », car elles représentent les fondements professionnels de la fonction support. À ces compétences peuvent être associées des compétences prospectives permettant l'évolution et l'amélioration des pratiques.

▶ Les compétences comportementales : leur objectif est de tester les aptitudes relationnelles des individus et de souligner celles qui sont les plus discriminantes dans le cadre de leur activité.

Le pôle organisation

Le pôle organisation définit le comment. Il traite les moyens et les ressources mobilisés et/ou mis à disposition pour réaliser les activités. Cela comprend l'ensemble des dépenses nécessaires au fonctionnement, mais également le type d'organisation et de management.

Le pôle organisation qualifie et évalue l'ensemble des moyens mis à disposition pour la réalisation de l'activité. Les moyens ont été regroupés en trois composantes :

▶ Le positionnement de la fonction dans l'organigramme : il s'agit de s'intéresser aux conséquences que peut avoir le positionnement de la fonction support sur les productions de cette même fonction.

▶ Le management : il définit le style de management employé et voit si celui-ci est en adéquation avec les attentes des salariés de la fonction support.

▶ Les ressources : elles décrivent les charges de fonctionnement et d'investissement liées à l'exercice de la fonction. Il est également intéressant de déterminer les principaux postes de coûts de la fonction, notamment ceux des effectifs.

Le pôle clients

Le pôle clients définit le pour qui et le pourquoi. Ce pôle représente les objectifs qui sont assignés aux prestations de la fonction support vis-à-vis de clients clairement identifiés : quels sont les clients et que faut-il leur livrer sont deux questions quasi existentielles pour une entité transverse. Du fait de leur intégration dans l'entreprise, les fonctions supports oublient parfois qu'elles doivent s'inscrire dans des relations client/fournisseur, même si les clients sont internes à l'entreprise.

Le pôle clients décrit le niveau de satisfaction des différents clients de la fonction support. Les clients peuvent être internes et externes. En interne, on distingue généralement les directions générales des managers de terrain. Selon les fonctions analysées, la répartition entre ces trois types de clients sera très différente.

Ces quatre pôles peuvent être traités de manière séparée, mais l'intérêt du modèle réside dans leur élaboration commune, car les résultats de l'un peuvent être des explications aux résultats des autres.

Ce modèle s'inscrit dans la lignée des modèles de pilotage tels que le tableau de bord prospectif et le navigateur Skandia. Il reprend l'idée des grandes questions de pilotage et des pôles sur lesquels s'appliquent ces questionnements. Cependant, le modèle d'évaluation fonctionnelle (MEF) ne s'intéresse qu'aux fonctions et activités transverses, qui ont la particularité d'être majoritairement des centres de coûts et dont le pilotage est rendu pénible en raison de la difficulté de rapprocher des coûts avec des produits. L'autre point important de ce modèle est qu'il positionne la notion de performance au cœur du pilotage, à la différence du navigateur Skandia qui met en avant le management humain, et du tableau de bord prospectif qui s'intéresse avant tout à la notion financière. Le MEF apparaît donc comme un complément aux deux autres modèles et peut servir de base méthodologique pour la définition des indicateurs des processus fonctionnels.

Le MEF est simultanément un modèle théorique de pilotage avec ses quatre axes et un outil opérationnel avec les questionnaires et les indications de performance. À la différence du *Balanced Scorecard* et du navigateur Skandia, le MEF fournit les outils de sa production avec les questionnaires, les indicateurs et les baromètres.

Figure 2 : Le modèle de l'évaluation fonctionnelle (MEF)

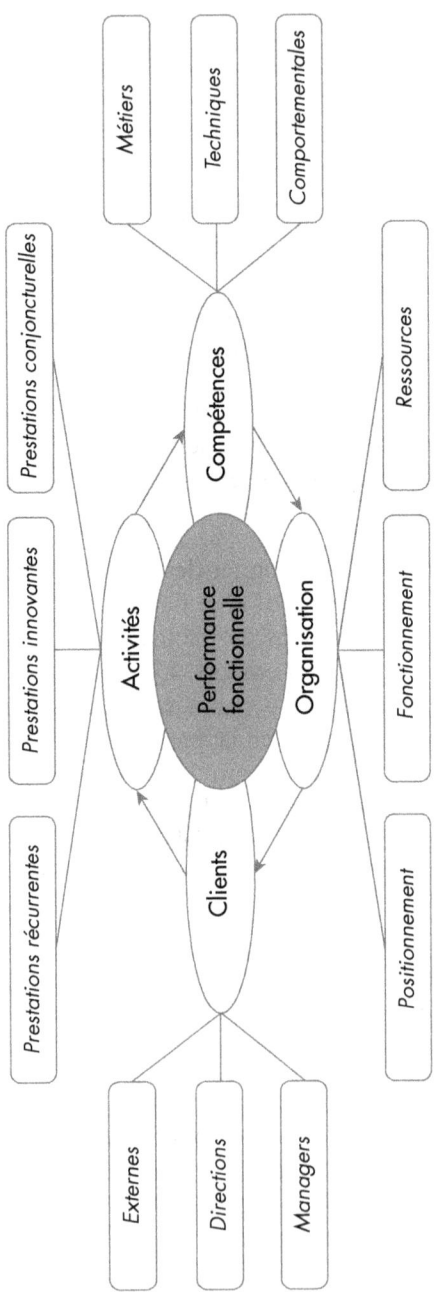

Méthode

Calcul d'un taux de performance

Pour chacun des quatre pôles, nous proposons des référentiels qui les définissent et des questionnaires permettant de calculer les taux de performance globalement et par thème. Pour chaque pôle, nous calculons un indice global de performance, et la moyenne de ces indices constitue le taux de performance entre 0 et 100, que nous positionnons sur un baromètre de performance pour avoir une indication qualitative.

Les indicateurs de performance

Taux	Pôles
Taux d'activités	ACTIVITÉS
Taux de maîtrise	COMPÉTENCES
Taux de support structurel	ORGANISATION
Taux de satisfaction	CLIENTS

Le taux d'activités mesure le pourcentage d'activités réalisées par la fonction par rapport à un référentiel théorique d'activités de cette même fonction. Il s'agit de mesurer ce qui se fait par rapport à ce qui devrait se faire.

Le taux de maîtrise détermine, à partir du référentiel d'activités, la capacité des salariés de la fonction à disposer des savoirs pour réaliser les activités.

Le taux de support structurel évalue à la fois le niveau de ressources octroyées à la fonction au regard de standards et l'appréciation par les contrôleurs de gestion de leurs conditions d'exercice.

Le taux de satisfaction est le résultat de la satisfaction des différents types de clients à propos des produits et prestations de la fonction.

On peut faire la moyenne de ces quatre taux pour avoir un taux global de performance, comme le montrent le tableau et les graphiques suivants. La moyenne, pondérée ou non, de ces quatre taux constitue la valeur de performance globale.

Méthode

Taux de performance global

Taux	Pourcentages
Taux d'activités	75 %
Taux de maîtrise	60 %
Taux de support structurel	35 %
Taux de satisfaction	15 %
Taux de performance global	46 %

Figure 3 : Superposition des différents taux

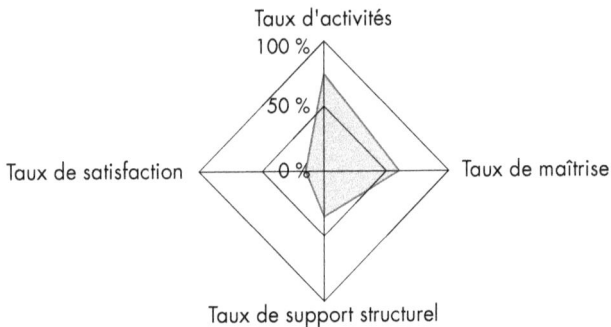

**Figure 4 : Histogramme des taux et alignement
sur le taux de performance global**

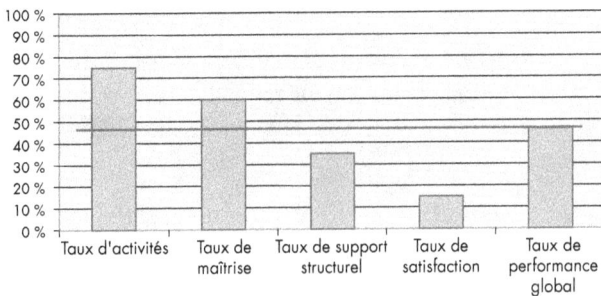

Le taux de performance global est une mesure en pourcentage qui nous permet de qualifier qualitativement la fonction analysée en distinguant quatre situations types de gestion comme le montre le baromètre suivant.

Méthode

Figure 5 : Baromètre de performance

Taux de performance

100
75   Excellente
50   Satisfaisante
25   À améliorer
 0   À risques

La situation « **Excellente** » est caractérisée par un taux de performance supérieur à 75 %. Les variables sont satisfaisantes et la fonction réalise au mieux ce qui lui est demandé avec une bonne maîtrise des ressources. Le taux d'activités est généralement bon et révèle une bonne connaissance du périmètre d'intervention et des techniques du métier.

La situation « **Satisfaisante** » est, avec un taux de performance allant de 50 à 75 %, la moyenne acceptable. La fonction est moyenne partout, elle fait ce qui lui est demandé. Pour autant, elle ne fait pas preuve d'innovation et de recherche d'amélioration par elle-même.

La situation « **À améliorer** » illustre un taux de performance compris entre 25 et 50 %. Certains points de l'analyse font apparaître de graves problèmes, ce qui nécessite des actions de correction le plus rapidement possible. Cela peut concerner tout ou partie des quatre thèmes étudiés.

La situation « **À risques** » est déterminée par un taux de performance inférieur à 25 %. Cette situation est qualifiée « À risques » car des erreurs préjudiciables à l'entreprise peuvent être commises. C'est une situation d'urgence nécessitant des actions de reconfiguration et de restructuration au plus vite.

Le modèle d'évaluation fonctionnelle (MEF) détermine un niveau de performance des fonctions supports selon quatre axes d'analyse. Ces axes peuvent être traités séparément ou de manière globale pour l'obtention d'une mesure d'ensemble sous la forme d'un

Méthode

baromètre. À chacun d'eux correspond un indicateur sous la forme d'un taux qui qualifie l'axe et qui entre dans le calcul d'un taux de performance global. Le modèle d'évaluation fonctionnelle (MEF) peut être résumé tant au niveau structurel (les quatre axes) qu'opérationnel (les taux) par le schéma suivant.

Figure 6 : La structure et le fonctionnement
du modèle d'évaluation fonctionnelle

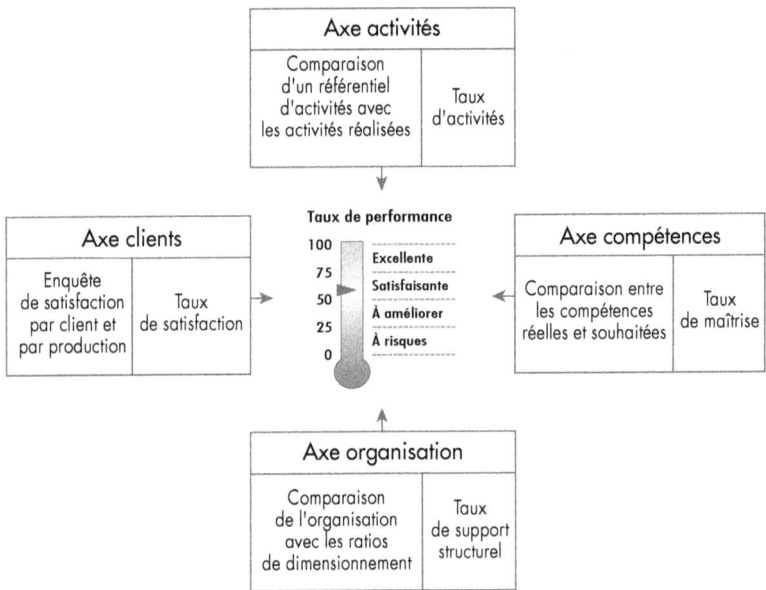

Ces taux et leurs composantes sont développés dans les chapitres 3, 4, 5, 6 et 7 pour la fonction contrôle de gestion, donnant ainsi une déclinaison opérationnelle du modèle d'évaluation fonctionnelle.

Le modèle d'évaluation fonctionnelle (MEF) et les tableaux de bord

Le modèle d'évaluation fonctionnelle (MEF) constitue un modèle de pilotage permettant de produire des tableaux de bord pour les fonctions supports. Les différents taux obtenus peuvent être intégrés dans les tableaux de bord de la fonction ou bien dans les tableaux de bord de l'entreprise. Nous distinguerons les tableaux de bord par objectifs et les tableaux de bord stratégiques avec les notions de *Balanced Scorecard* et de navigateur Skandia.

La littérature managériale nous propose différentes méthodes pour construire les outils de pilotage d'une entreprise ou d'une partie de celle-ci. À la différence des techniques d'évaluation financière, les outils de pilotage sont plus ancrés dans l'opérationnel et recherchent des indicateurs pertinents pour mesurer l'efficience et l'efficacité des processus productifs. Parmi les différents outils de pilotage, nous distinguons deux approches : la première approche est dite « méthodologique » et consiste à produire des indicateurs à partir d'objectifs dans les méthodes OVAR (Objectifs, Variables d'Action Responsables) et OFAI (Objectifs, Facteurs clés de succès, Actions, Indicateurs). Cette conception est parfois labellisée d'approche française (Malo, 1995). La seconde approche est celle des modèles de pilotage et consiste à déterminer les variables à piloter puis à trouver les indicateurs pertinents. Les variables à piloter représentent l'activité opérationnelle de l'entreprise et les leviers de réalisation de la stratégie. Les méthodes du tableau de bord prospectif (*Balanced Scorecard*) et du navigateur Skandia illustrent cette conception des outils de pilotage.

Le modèle MEF avec ses quatre baromètres et les composantes de ces derniers propose une liste d'indicateurs qui constituent le contenu d'un tableau de bord spécifique d'une fonction support. Le MEF s'utilise aussi dans la logique des modèles de pilotage du type *Balanced Scorecard*.

Méthode

L'approche par les objectifs

Dans une logique cybernétique de programmation, l'approche du pilotage par les objectifs consiste à déterminer des variables d'action relativement aux ambitions affichées. Pour chaque variable d'action, il convient de déterminer les indicateurs qui permettront de s'assurer des conditions de réussite des objectifs initiaux en provenance de la stratégie.

Croisement des objectifs et des variables d'action

	Objectif 1	Objectif 2	Objectif n
Variable d'action 1	Indicateur 1.1	Indicateur 2.1	Indicateur n.1
Variable d'action 2	Indicateur 1.2	Indicateur 2.2	Indicateur n.2
Variable d'action n	Indicateur 1.n	Indicateur 2.n	Indicateur n.n

Dans ce modèle, il y a un indicateur pour chaque croisement d'objectifs et de variables d'action. On peut très bien avoir plusieurs indicateurs au croisement d'un objectif et d'une variable d'action, ou bien aucun indicateur, l'objectif étant couvert par les indicateurs des autres variables d'action.

Objectif

Un objectif est une orientation d'action chiffrée en relation avec la stratégie de l'entreprise. C'est l'ensemble des objectifs qui est censé mettre en œuvre la mission de la stratégie. Il est important qu'un objectif soit chiffré pour pouvoir ensuite apprécier la performance des actions entreprises pour le réaliser. Pour jouer pleinement son rôle prospectif, l'objectif doit être SMART : Spécifique (très précis en terme de périmètre), Mesurable (avoir obligatoirement une mesure quantitative), Accessible (suffisamment opérationnel pour être compris par tous), Rattaché à un projet (quelle est la finalité poursuivie par la réalisation de l'objectif ?) et Temps (défini dans le temps en terme d'échéance).

Variable d'action

Une variable d'action s'exprime par un verbe. Elle correspond à une action opérationnelle réalisée et/ou coordonnée par le personnel et dont le résultat contribuera à réaliser un ou plusieurs

Méthode

objectifs. Cela correspond souvent aux activités opérationnelles. Elles ont un coût et leur résultat doit pouvoir être mesuré.

Indicateur

Un indicateur est une valeur relative qui permet d'évaluer en quoi une activité participe à la réalisation d'un objectif. C'est un repère chiffré qui peut être rapporté à un objectif, une moyenne, un standard, et dont les valeurs dans le temps constituent une appréciation de l'évolution. Il permet de formaliser et contractualiser les engagements et de mettre en œuvre des dispositifs de contrôle. Il existe cinq grandes catégories d'indicateurs :

▶ **Les indicateurs de coûts** : ils mesurent la valeur monétaire des ressources consommées.

▶ **Les indicateurs de résultats** : ils apprécient en termes qualitatifs et/ou quantitatifs ce qui est finalisé et produit.

▶ **Les indicateurs d'activités** : ils donnent des éléments relatifs à l'action réalisée pour l'obtention des résultats.

▶ **Les indicateurs de performance** : ils s'assurent de la réalisation de l'activité au moindre coût et de la réalisation de la stratégie.

▶ **Les indicateurs stratégiques** : ils nous renseignent directement sur la réalisation de la stratégie et de ses objectifs.

Exemple d'indicateurs

Indicateurs	Exemples
Indicateur de coûts	Coût d'un contrat signé
Indicateur de résultats	Nombre de contrats signés
Indicateur d'activités	Temps de négociation/contrat signé
Indicateur de performance	% de ventes/nombre de contacts
Indicateur stratégique	Écart entre ventes réelles et l'objectif de vente

Pour déterminer des indicateurs selon cette logique, il y a deux méthodes : la méthode OVAR et OFAI.

La méthode OVAR (Objectifs Variables d'Action Responsables) consiste à déterminer, pour un objectif, toutes les variables d'action et les indicateurs correspondants comme dans le tableau suivant. La méthode stipule qu'une personne doit être responsable du pilotage de chaque variable d'action.

Exemple de déclinaison objectifs/variables d'action/indicateurs

Objectif : augmenter les marges de 5 %	
Variables d'action	*Indicateurs*
Diminuer les rabais	% rabais/chiffre d'affaires
Augmenter la prospection commerciale	Nombre de nouveaux clients/nombre total de clients
Accroître les visites des commerciaux	Nombre de visites par semaine
Diminuer les coûts d'achats	Prix d'achat/prix standard

La limite de cette méthode est de considérer que l'on est toujours en mesure de déterminer les actions de manière très opérationnelle. Le concepteur de cette démarche ne peut être un expert de tous les métiers et fonctions de l'entreprise. La mise en relation d'un objectif avec des variables d'action mesurables limite les innovations qui permettent d'envisager la réalisation des objectifs selon des modes d'action que l'on ne connaît pas encore.

Pour éviter ces écueils, **la méthode OFAI** (Objectifs, Facteurs clés de succès, Indicateurs) intègre un niveau d'analyse supplémentaire avec la notion de facteur clé de succès. Les objectifs sont déclinés en facteurs clés de succès qui représentent les forces de l'entreprise au travers desquelles peuvent se réaliser les objectifs. La méthode OFAI part des objectifs, mais propose les indicateurs après avoir défini des facteurs clés de succès et des actions. L'objectif est défini en termes de facteurs de succès, à savoir l'ensemble des éléments qui vont permettre de réaliser l'objectif et qui influent sur celui-ci. Ensuite, chaque facteur clé de succès est décliné en actions opérationnelles dont la réalisation est évaluée à travers les indicateurs.

Les facteurs clés de succès ont l'avantage de s'intéresser aux forces que l'entreprise possède pour mener à bien la réalisation des objectifs. C'est aussi un moyen pour décliner et faire le *reporting*, de manière plus cohérente, des différents indicateurs choisis.

Exemple de déclinaison de la méthode OFAI

Objectifs	Facteurs clés de succès	Actions	Indicateurs
Augmenter les marges de 10 %	Les ventes	Diminuer les ristournes	% rabais/CA
		Augmenter le montant des ventes	% de contrats avec toutes les offres
		Augmenter le volume des ventes	Montant de la commande/client
	Les achats	Mieux acheter les matières premières	Prix d'achat/prix standard
		Mieux gérer le stock	Durée de rotation du stock
		Rechercher des gains matière	Montant économie matière
	La performance productive	Maîtriser les coûts de production	Coût complet pour une unité produite
		Maîtriser les coûts logistiques	Coût par commande passée
		Maîtriser les coûts commerciaux	Coût d'acquisition d'un nouveau client

L'approche par les modèles de pilotage

L'approche par les modèles de pilotage s'intéresse aux macro-objectifs d'une entreprise par lesquels la stratégie peut se décliner. Cette approche est complémentaire de l'approche par les objectifs. La stratégie est décomposée en quatre ou cinq grands domaines qui peuvent ensuite être traités selon la logique développée avec les méthodes OVAR et OFAI[1]. Les domaines correspondent aux grandes questions auxquelles l'entreprise doit

---

1. Ces deux méthodes sont dans la plupart des ouvrages généraux en contrôle de gestion présentés dans l'annexe 1 de cet ouvrage.

Méthode

répondre pour réaliser sa stratégie et s'assurer de sa performance. Les deux méthodes les plus connues sont le tableau de bord prospectif et le navigateur Skandia. Développées dans les années 90, ces méthodes sont similaires, mais ne positionnent pas la variable humaine de la même manière. Formalisées pour répondre aux enjeux de pilotage par les résultats dans un contexte stratégique d'adaptation, ces deux méthodes s'intéressent au suivi de la réalisation de la stratégie à travers les variables de gestion.

Le tableau de bord prospectif

Le tableau de bord prospectif (*Balanced Scorecard*) est la méthode la plus connue et répandue. Les auteurs, Norton et Kaplan, ont posé la question du pilotage stratégique en postulant que celui-ci était plus important que la formulation de la stratégie en elle-même. Ils ont pointé du doigt les faiblesses des outils budgétaires, notamment la périodicité annuelle et la focalisation sur l'utilisation des ressources, qui ne permettaient plus la réactivité nécessaire aux évolutions du marché.

Pour trouver une solution à ces limites, ils ont proposé un modèle de pilotage des entreprises structuré autour de quatre dimensions. La stratégie générale est déclinée en objectifs financiers, commerciaux, de production et de ressources humaines. Chacun des thèmes a ses propres objectifs avec des indicateurs qui s'inscrivent dans des schémas de causalité. Un indicateur de motivation du personnel aura une incidence sur la productivité des processus productifs, ce qui induira une meilleure satisfaction du client et une rentabilité plus forte. Dans le modèle du *Balanced Scorecard*, la finalité terminale est la création de valeur monétaire dans une logique libérale et de gouvernance par les actionnaires.

C'est un ensemble de mesures de coûts, de résultats, de produits et de retour sur investissement qui permettent d'évaluer la création de valeur monétaire de l'entreprise et sa capacité à optimiser cette dernière.

Méthode

Figure 7 : Les quatre dimensions du tableau de bord prospectif

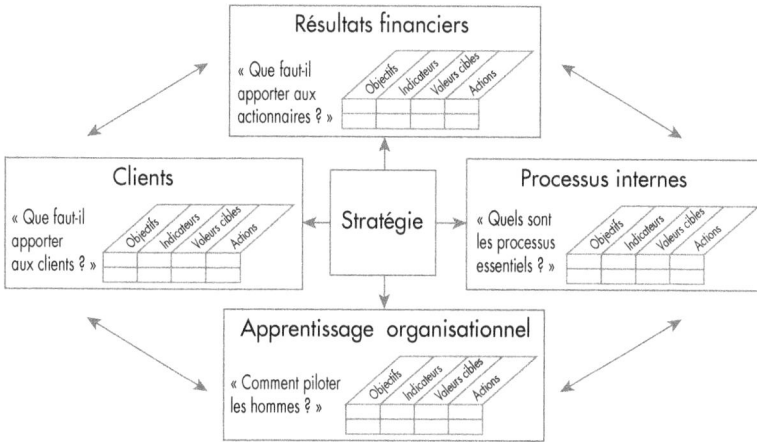

L'axe financier définit les indicateurs de rentabilité, de marge, de chiffre d'affaires et d'utilisation des actifs en fonction des phases du cycle de vie des produits (développement, croissance, maturité, déclin).

L'axe processus internes mesure la performance de tous les processus contributifs (support, production, commercialisation, recherche et développement, etc.). Dans une logique de comptabilité par activité du type ABC (*Activity Based Costed*), des indicateurs d'efficience et d'efficacité sont calculés pour les activités, produits et structures contributives. Pour des raisons de coût et de faisabilité, les auteurs préconisent de faire porter l'effort sur les processus clés susceptibles d'améliorer l'offre et la réalisation de la stratégie.

L'axe apprentissage organisationnel traite de la dimension humaine. Il s'intéresse principalement au potentiel d'implication des salariés et des conditions de travail en traitant :

▷ le niveau de satisfaction des salariés ;

▷ le niveau de compétences des salariés ;

▷ la qualité du management et de l'organisation ;

Méthode

> la capacité du système d'information à fournir les bonnes informations au bon moment.

L'axe clients évalue l'appréciation des prestations par le client et la capacité des processus commerciaux à satisfaire les attentes et besoins du client. Cet axe mesure également l'évolution de la demande des clients et le comportement d'achat de ces derniers.

Attention !

Le tableau de bord prospectif n'est pas une collection d'indicateurs répartis selon ces quatre axes. Il existe en fait une interdépendance entre les quatre dimensions. Concrètement, le tableau de bord prospectif crée une hiérarchie entre ces quatre dimensions, en les subordonnant toutes à l'axe financier. Le lien avec les objectifs financiers doit toujours être recherché et établi car ils restent le but et la mesure des résultats ultimes (les trois autres dimensions ne sont que les moyens).

La chaîne causale du tableau de bord prospectif part des indicateurs contenus dans l'axe apprentissage organisationnel, dont l'impact se traduit dans les indicateurs de l'axe processus internes. Les mesures sur les processus contributifs ont des conséquences directes sur la satisfaction des clients, ce qui se répercute aussitôt sur les résultats financiers. Le schéma suivant illustre les liens de causalité entre les quatre niveaux et les indicateurs.

La notion de chaîne de causalité est étendue au niveau des indicateurs. Ainsi, le système combine deux types d'indicateurs qui permettent à la fois de traduire des objectifs à court et long terme :

> des indicateurs de résultats : ils mesurent les performances de l'entreprise ;

> des indicateurs de moyens : situés plus en amont dans le temps, ils jouent un rôle de signal d'alarme avant que la performance ne se dégrade. Par exemple, si l'indicateur de résultats est le degré de satisfaction des clients, le taux d'erreur et le temps de réponse aux demandes des clients seront les indicateurs de moyens associés.

Figure 8 : Exemple de chaîne causale du tableau de bord prospectif

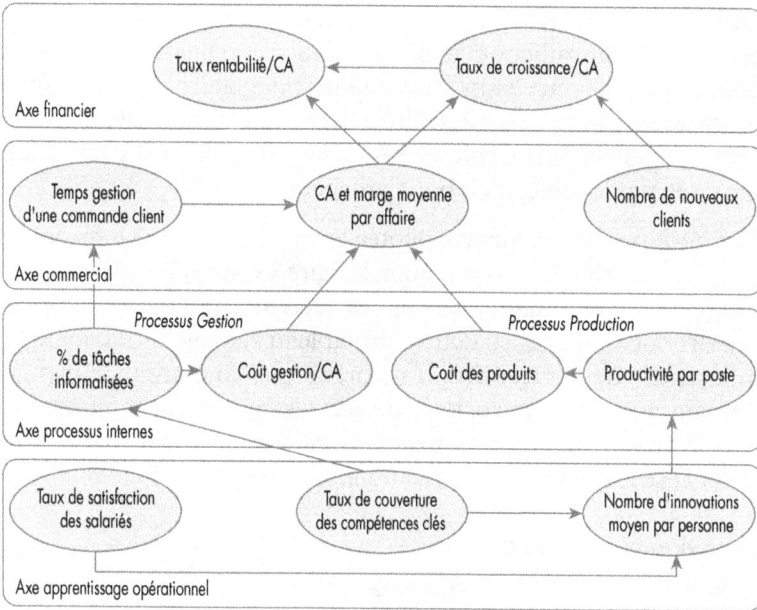

Ces deux types d'indicateurs sont utilisés au sein de chaque axe stratégique, excepté pour l'axe financier qui joue un rôle particulier en tant qu'il ne comporte que des indicateurs de résultats. En revanche, pour les trois autres axes, il faut impérativement construire et élaborer les deux types d'indicateurs. Ainsi, l'objectif est de former une chaîne de causalité pour trouver des explications aux écarts entre les résultats réels et les objectifs.

Utilisé dans de nombreuses entreprises, le tableau de bord prospectif ressemble plus à un outil de contrôle étendu qu'à un instrument de pilotage opérationnel d'une entité. Il sert souvent à la prise de décision. Mais il faut rester dans la logique des concepteurs : à l'origine, le tableau de bord prospectif est destiné aux directions générales ; le décliner auprès des directions opérationnelles est déjà moins simple qu'il ne paraît. Quant à le déployer auprès du plus grand nombre, cela reste une gageure.

Au niveau pratique, la distinction entre les indicateurs de mesure du résultat et les indicateurs de moyens est souvent ambiguë. Ce tableau de bord adopte une perspective transversale qui peut entrer en contradiction avec la logique verticale de certains outils, comme ceux issus du système budgétaire. Par exemple, un dirigeant peut avoir à arbitrer entre une productivité élevée imposée par la hiérarchie et une formation de son personnel, imposée par le tableau de bord prospectif.

Cet outil permet de mieux piloter la stratégie, mais ne dispense pas d'un système de veille pour la faire évoluer, les indicateurs utilisés ne renseignant pas sur les facteurs de changement de l'environnement. La structure du tableau renvoie à une logique industrielle de l'entreprise. Il ne prend pas en compte le capital humain qui, pour les sociétés de services notamment, constitue le principal générateur de profit. C'est sur cette dimension que se focalise le navigateur de Skandia.

Le navigateur Skandia[1]

À la fin des années 80, Skandia, une société d'assurance suédoise, s'est interrogée sur la manière de mesurer et de rendre tangible son capital intellectuel. En tant que société de services, les dirigeants de Skandia ont pensé que leur système de management devait reposer sur la variable humaine et l'implication de leurs salariés. En reprenant une structure similaire au tableau de bord prospectif, Leif Edvinsson, en charge du capital intellectuel de la société Skandia, a construit un nouveau modèle de pilotage d'une entreprise en privilégiant la dimension humaine. Ce modèle, le navigateur Skandia (*Skandia Navigator*), reprend les quatre dimensions du tableau de bord prospectif en y ajoutant la dimension humaine, partant de l'idée que le capital humain est le principal générateur de profit pour une entreprise. Ici, la perspective financière est un facteur de performance (un des cinq) parmi d'autres.

---

1. Michael Leif Edvinsson, S. Malone, *Intellectual Capital: Realizing Your Company's True Value by Finding Its Hidden Brainpower*, Collins Edt, 1997.

En relation avec le modèle social nordique, la finalité de l'entreprise n'est pas tant de faire des profits que d'être un lieu de production et de socialisation par lequel les individus produisent pour satisfaire des besoins tout en participant à un projet collectif.

Figure 9 : Le navigateur Skandia

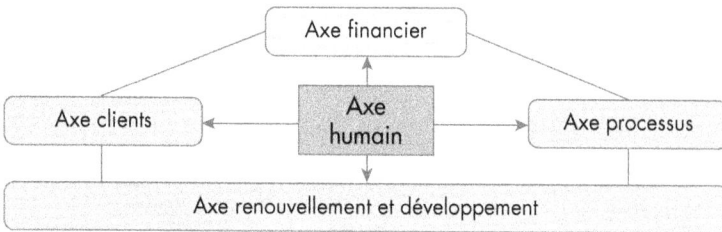

Pour présenter cette méthode, les auteurs utilisent la métaphore de la maison. L'axe financier serait le toit : il résume ce qui a été fait dans le passé. L'axe clients et l'axe processus seraient les murs : ils nous ramènent à la création de valeur que l'entreprise peut réaliser aujourd'hui. L'axe renouvellement et développement correspondrait aux fondations : il représente la façon dont l'entreprise prépare son avenir et la distance prise par rapport au passé. Enfin, à ces quatre axes constituant le capital structurel de l'entreprise vient s'ajouter l'axe humain : il est au cœur de la maison et alimente tous les autres domaines.

Les indicateurs utilisés pour les quatre axes communs au navigateur et au tableau de bord prospectif sont différents, car l'optique des deux tableaux de bord n'est pas la même.

L'axe financier s'intéresse à la façon dont le capital immatériel de l'entreprise se convertit en argent, avec des indicateurs comme le chiffre d'affaires réalisé avec de nouveaux clients ou le retour sur investissement d'une innovation.

L'axe clients traite du type de client, du degré de fidélité du client, de l'assistance au client et de la réussite de la relation client.

Méthode

L'axe processus s'intéresse surtout à l'informatique : il tente d'évaluer l'âge des équipements, leur rendement, leur contribution à la productivité et à la valeur créée par l'entreprise.

L'axe renouvellement et équipement est une liste d'indicateurs évaluant les évolutions de l'environnement et des capacités de l'entreprise. Les indicateurs traitent généralement des six thèmes suivants :

▸ évolution des besoins des clients ;

▸ attrait de l'entreprise sur les marchés ;

▸ poids de la nouveauté dans les produits et services réalisés ;

▸ rôle du partenariat dans le développement de la firme ;

▸ évolution prévue des infrastructures ;

▸ niveau de formation et de dynamisme des collaborateurs.

Le cinquième axe stratégique du navigateur Skandia est **l'axe humain**. Le capital humain se décompose en trois critères génériques de performance, qui se subdivisent à leur tour en indicateurs :

▸ La compétence des employés est mesurée par leur connaissance et leur savoir-faire.

▸ L'attitude des employés est estimée par leur motivation, leur comportement et leur conduite.

▸ Leur agilité intellectuelle (désir d'approfondir leurs connaissances, de chercher à en acquérir de nouvelles, et aptitude à intégrer ces nouvelles capacités dans le fonctionnement de l'entreprise) se mesure par des indicateurs comme l'innovation et l'adaptation.

Lorsqu'on étudie la structure du navigateur Skandia, on remarque immédiatement la place prépondérante accordée aux indicateurs du capital humain, à égalité avec les indicateurs des quatre autres axes stratégiques. L'analyse de cet outil s'appuie sur une description des ressources et des compétences internes en amont de l'étude des caractéristiques de l'environnement. Cet outil s'adapte plus aux entreprises de services qu'aux organisations industrielles où l'activité est plus standardisée.

Le modèle d'évaluation fonctionnelle (MEF) et les outils d'évaluation financière

Les méthodes de l'évaluation financière

Lors de la cession d'une fonction support à un tiers dans une logique d'infogérance, le modèle d'évaluation fonctionnelle (MEF) est complémentaire aux évaluations financières qui s'intéressent plus à la valorisation monétaire d'une structure qu'à son niveau de performance. Le modèle d'évaluation fonctionnelle (MEF) constitue alors une base objective de pondération des évaluations qui peuvent être faites avec les différentes techniques d'évaluation financière présentées dans ce paragraphe.

Par exemple, si l'évaluation se fait à partir de la technique de PER (*Price Earning Ratio*), et que celle-ci est de 1 million d'euros alors que le taux de performance (obtenu par le modèle MEF) est de 80 %, la valeur de 1 million d'euros pourra être revue à la hausse en raison du fait que le taux de 80 % fait état d'un potentiel à exploiter.

L'évaluation financière et globale d'une entreprise prend tout son sens lors de la vente de celle-ci ou dans ses cotations boursières. Mais pour des évaluations de fonctions supports, les approches financières sont limitées.

Les méthodes d'évaluation financière sont organisées en trois approches : l'approche patrimoniale, économique et boursière.

L'approche patrimoniale

L'approche patrimoniale consiste à retrancher les actifs du bilan des dettes pour obtenir l'actif net réel. Par exemple, une entreprise qui affichera 10 millions d'actifs et 2 millions d'euros de dettes aura une valeur de 8 millions d'euros. Cette approche présuppose que la valeur économique est égale à la valeur comptable, ce qui mérite débat.

Méthode

L'approche économique

L'approche économique calcule, à partir de l'évolution sur plusieurs années du compte de résultats, des prévisions de bénéfices actualisés en tenant compte d'un niveau de risque. La valeur de l'entreprise est obtenue par la multiplication du résultat en années n, par un multiple d'années variables selon le secteur et le type d'entreprise. Ce multiple s'établit en général entre 3 et 7 ans. À cette valeur peut être appliqué un coefficient d'actualisation annuel de manière additive et un taux de risques dégrevant la valeur obtenue.

La méthode boursière

La méthode boursière consiste à construire des prévisions de rentabilité de dividendes. Pour cela, on sélectionne un groupe d'entreprises du même secteur ou ayant des similitudes en terme de « business modèle », puis on recherche pour chaque entreprise un indicateur que l'on appliquera à celle que l'on souhaite valoriser. Les indicateurs les plus utilisés sont[1] :

» Le PER : *Price Earning Ratio*

$$PER = \frac{\text{Capitalisation boursière}}{\text{Résultat net}}$$

Le PER correspond à un coefficient de capitalisation des bénéfices. C'est le rapport entre le cours de bourse d'une entreprise et son bénéfice après impôt par action. Une société dont le capital est composé de 10 millions d'actions est cotée à 1 milliard d'euros, soit 100 euros par action. Le bénéfice net prévu est de 50 millions, soit 5 euros par action. Son PER sera donc de 20 (100/5). Les PER se situent en général entre 5 et 40, mais ces bornes moyennes peuvent être franchies. Plus le rapport est élevé et plus il traduit l'anticipation des investisseurs d'une forte progression des bénéfices et inversement. Ces indicateurs servent de base de valorisation. Par exemple, si les entreprises du marché ont un PER de 15, la valorisation sera de 15 fois le résultat net.

---

1. Sur les techniques d'évaluation financière, nous vous invitons à vous reporter à l'ouvrage de référence dans ce domaine, *Évaluation d'entreprise*, d'Arnaud Thauvron, Economica, 2005.

◗ Le PTB : *Price to Book*

$$PTB = \frac{\text{Capitalisation boursière}}{\text{Fonds propres}}$$

◗ L'EV : *Entreprise Value*

$$EV = \frac{\text{Capitalisation boursière + valeur dette}}{\text{Résultat net}}$$

◗ L'EBITDA : *Earning Before Interest Taxes Depreciation and Amortization*

$$EBITDA = \frac{\text{Revenu net + taxes + amortissement + provisions + intérêts financiers}}{}$$

L'EBITDA est le revenu disponible avant les intérêts, les impôts et les dotations aux amortissements. Développé aux États-Unis, ce ratio n'est pas normalisé. Certaines entreprises le calculent après impôts. Très utilisé lors de cessions et acquisitions, l'EBITDA a été très mobilisé dans les années 90 pour les transactions d'entreprises de la bulle Internet. L'EBITDA correspond à l'EBE français (Excédent brut d'exploitation). L'EBE = résultat net + amortissement et provisions + intérêts financiers + éléments exceptionnels de son activité. L'EBE représente le flux potentiel de trésorerie généré par l'activité principale de l'entreprise.

◗ L'EVA : *Economic Value Added* (résultat)

$$EVA = \begin{matrix}\text{Résultat} \\ \text{exploitation} \\ \text{après impôts}\end{matrix} - \left[\begin{matrix}\text{Coût moyen} \\ \text{pondéré} \\ \text{du capital}\end{matrix} \times (\text{Actif total} - \text{dettes circulantes})\right]$$

Les limites de l'évaluation financière pour les fonctions supports

Il ne s'agit pas ici de critiquer les méthodes d'évaluation financière, mais de montrer leurs difficultés à appréhender la performance des fonctions supports et autres entités ne bénéficiant pas de documents financiers propres. Dès que nous sommes dans un cas de figure où les données comptables et financières ne sont plus disponibles, qu'il faut analyser la performance de processus et non des produits ou des prestations, et que nous avons besoin d'indicateurs selon des périodicités différentes des cycles de production comptable, nous constatons le besoin de méthodes et d'outils.

Synthèse

La recherche de performance, qui s'est dans un premier temps matérialisée sur les processus de production (automatisation, optimisation des stocks, réduction des achats), s'oriente désormais sur les fonctions supports des entreprises. La question de la performance pour ces fonctions se pose en termes financiers mais également en termes stratégiques, avec des problématiques d'externalisation. Est-il intéressant de conserver tout ou partie d'une fonction support ou bien d'externaliser ? Quelles sont les fonctions et, à l'intérieur des fonctions, les activités créatrices de valeur pour les produits de l'entreprise ? Quelles sont les fonctions supports qui procurent un avantage concurrentiel ? Autant de questions auxquelles le modèle d'évaluation fonctionnelle (MEF) tente d'apporter des réponses.

Chapitre 2

La fonction contrôle de gestion

- Définition de la fonction contrôle de gestion
- Historique de la fonction contrôle de gestion
- Les pratiques de la fonction contrôle de gestion
- La fonction contrôle de gestion aujourd'hui

De plus en plus important dans un fonctionnement de pilotage « juste à temps », le contrôle de gestion est devenu en une vingtaine d'années une fonction d'entreprise à part entière. Issue de l'environnement comptable et financier, cette fonction s'est émancipée et a construit un périmètre d'activités sur les thèmes du contrôle, de la prévision, de la performance et de l'aide à la décision. Mobilisant une population d'environ 100 000 personnes en France, la fonction contrôle de gestion est devenue un enjeu stratégique qui implique du professionnalisme et de la réactivité.

Définition de la fonction contrôle de gestion

Le contrôle

Comme son nom l'indique, l'objectif de la fonction contrôle de gestion s'inscrit dans une logique de contrôle qui induit les notions de maîtrise et de vérification. L'action de contrôle a pour objectif de vérifier et/ou de suivre que ce qui était prévu a été réalisé dans les conditions posées au préalable ou dans la philosophie de ces dernières.

Le contrôle de gestion est un ensemble de techniques qui visent à s'assurer que l'activité opérationnelle réalise la stratégie au moindre coût tout en interrogeant les principaux décideurs sur la pertinence de la stratégie suivie et les opportunités. La définition du contrôle de gestion, en tant que dispositif de vérification et de maîtrise, le positionne comme un instrument de régulation cybernétique du système, entreprise que l'on peut résumer par le schéma suivant.

Figure 10 : Boucle cybernétique du contrôle de gestion

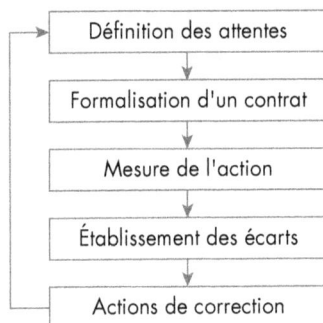

```
        ┌──► Définition des attentes
        │           ▼
        │    Formalisation d'un contrat
        │           ▼
        │     Mesure de l'action
        │           ▼
        │    Établissement des écarts
        │           ▼
        └──── Actions de correction
```

Les objectifs de résultats et de consommation de ressources correspondant sont contractualisés puis observés dans leur réalisation. Les écarts ainsi constatés entre ce qui était prévu et ce qui a été réalisé donnent lieu à des actions de correction. Le contrôle de gestion joue donc le rôle de thermostat entre l'activité réelle et la stratégie.

La performance de l'entreprise

L'administration de ce mode de régulation est conditionnée par le style de management de l'entreprise (avec plus ou moins d'autonomie), son organisation (plus ou moins centralisée) et son activité (plus ou moins normée).

La recherche de création de valeur

Le contrôle s'exerce principalement pour s'assurer de la performance de l'entreprise. Quels que soient son secteur d'activités, son statut (privé, public) ou sa taille, une entreprise a pour but ultime de créer de la valeur monétaire et/ou sociale (les prestations du service public). La valeur est le résultat de la différence entre les ressources consommées et les produits distribués. Pour augmenter la valeur, il est possible d'augmenter les prix dans les limites imposées par les lois du marché concurrentiel et/ou réglementaire. Une autre manière d'augmenter la valeur consiste à accroître la performance de l'entreprise, c'est-à-dire sa capacité à savoir utiliser au mieux ses ressources pour la réalisation de sa stratégie, dont les effets lui procureront un avantage concurrentiel. Pour mesurer cette performance et mettre en place les dispositifs de son pilotage sur toutes les fonctions, l'entreprise s'appuie sur le contrôle de gestion.

L'efficience et l'efficacité

La performance est définie en termes d'efficience et d'efficacité : est réputée performante une activité qui réalise au moindre coût (efficience) les objectifs stratégiques qui lui sont associés (efficacité). Le contrôle de gestion aura pour mission de mettre en place des dispositifs d'évaluation et de suivi des objectifs, des ressources et des résultats de l'activité.

Figure 11 : Performance et création de valeur

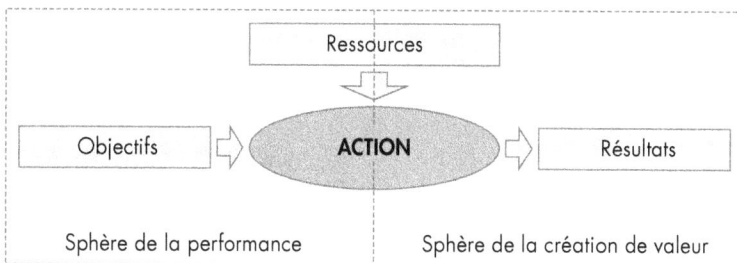

Pour s'assurer de la performance de l'entreprise par le déploiement des dispositifs de contrôle, le contrôle de gestion réalise principalement des contrôles de réalisation et du pilotage stratégique comme le montre le tableau suivant.

Les différents types de contrôle[1]

Types de contrôle	Objets du contrôle	Acteurs du contrôle	Périodicités du contrôle
Contrôle d'exécution	Vérifier la réalisation des activités opérationnelles	Management de proximité	Quotidienne
Contrôle de réalisation	Suivi des consommations de ressources et des résultats obtenus	Contrôle de gestion	Hebdomadaire ou mensuelle
Contrôle stratégique	Pilotage de la réalisation de la stratégie	Contrôle de gestion	Mensuelle ou trimestrielle
Contrôle interne	Rédaction des règles et procédures et vérification de leur application	Audit interne	Pas de périodicité

Le contrôle d'exécution et le contrôle interne sont respectivement traités par le management de proximité et l'audit interne qui peuvent faire appel aux productions du contrôle de gestion pour la réalisation de leurs missions.

Historique de la fonction et des techniques du contrôle de gestion

La naissance de la notion de pilotage

Les techniques de contrôle de gestion ont évolué dans le temps en fonction des stratégies des entreprises et de leurs besoins de pilotage. L'entreprise étant encastrée dans un environnement socio-économique, sa stratégie et ses besoins de pilotage évoluent très souvent à l'occasion de ruptures sociétales. Sans remonter à l'histoire de la comptabilité, nous pensons que la notion de pilotage est née avec la révolution industrielle qui a vu émerger de grandes entreprises au détriment de l'artisanat. Les augmentations en taille et en investissements capitalistes ont nécessité la mise en œuvre de dispositifs de contrôle qualifiés de « patrimoniaux », en raison du fait qu'ils visaient essentiellement à évaluer l'actif de production dans une logique de construction d'une infrastructure industrielle pour une production de masse.

---

1. *Management,* S. Robbins et D. Decenzo, Pearson, 2003.

L'effet taille est un élément structurant pour le contrôle car celui qui réalise n'est pas celui qui décide. Plus la taille d'une entreprise est importante et plus les dispositifs de contrôle seront développés.

L'évolution des systèmes de pilotage

La crise de 1929, caractérisée par des phénomènes de surproduction, a modifié la philosophie des systèmes de pilotage. Les stratégies d'alors visaient plus à assurer un rendement financier qu'une accumulation d'actifs. Ce modèle de pilotage « finan-cier » s'inscrivait dans une logique de rentabilité, avec la mise en place d'outils financiers tels que le ROI[1] chez Dupont de Nemours, et plus généralement des dispositifs de comptabilité analytique visant à déterminer les coûts, marges et ratios par centre d'analyses.

Au lendemain de la Seconde Guerre mondiale, les évolutions sociologiques caractérisées par la demande de participation à la décision et les exigences de planification ont détourné les systèmes de pilotage vers des approches prévisionnelles matérialisées par les démarches budgétaires. Très adaptées en période de croissance continue (ce qui était le cas pendant les Trente Glorieuses), les méthodes budgétaires ne permettaient pas une forte réactivité aux marchés, pourtant exigée à partir des années 80 avec la mondialisation.

Dans une logique de chaîne de valeurs et de positionnement structurant du client, les modèles de pilotage ont migré vers une approche par activité, qui consiste à s'assurer de l'efficience et de l'efficacité des processus de l'entreprise. Cela s'est concrétisé par la formalisation des processus et des calculs de coûts par activité avec des méthodes comme l'ABC[2].

À partir des années 80, l'entreprise n'a plus été vue comme une variable d'ajustement à l'environnement mais comme une entité agissant sur ce domaine en se construisant un avantage concurrentiel matérialisé par la performance et l'excellence de ces processus internes.

---

1. *Return on Investment* : retour sur investissement.
2. *Activity Based Costing* : comptabilité par activité.

Les modèles de pilotage

Modèles de pilotage	Logiques sous-jacentes	Stratégies suivies	Outils
PATRIMONIAL 1880 (révolution industrielle)	Production	Construire une infrastructure pour une production de masse	Comptabilité générale (bilan)
FINANCIER 1930 (après la crise de 1929)	Retour sur investissement	Produire moins cher pour effectuer des retours d'investissement rapides	Comptabilité générale (compte de résultat) et comptabilité analytique
BUDGÉTAIRE 1950 et Trente Glorieuses	Décentralisation et prévision	Prévoir la production dans un cadre décentralisé	Budget
PAR ACTIVITÉ Depuis les années 80	Flexibilité	Être flexible pour répondre aux variations des demandes des clients	Processus ABC/ABM

Ces modèles et les outils de gestion qui les matérialisent ne sont pas exclusifs mais se superposent de manière complémentaire pour constituer les dispositifs de pilotage des entreprises.

L'évolution de la fonction contrôle de gestion

Pour réaliser ses finalités de contrôle et d'évaluation de la performance, la fonction de contrôle a évolué dans le temps, comme le montrent les deux définitions d'Anthony, écrites à 30 ans d'intervalle.

Évolution de la fonction contrôle de gestion

Contrôle de gestion = suivi des objectifs	Contrôle de gestion = réalisation de la stratégie
« Le contrôle de gestion est le processus par lequel les managers s'assurent que les ressources ont bien été distribuées et utilisées en vue de réaliser les objectifs de la structure. »	« Le contrôle de gestion est le processus par lequel les managers influencent les autres membres de la structure en vue de réaliser les objectifs de celle-ci. »
R. ANTHONY, *Planning and Control System*, Harvard University, Boston, 1965, p. 17.	R. ANTHONY, *The Management Control Function*, Harvard Business School Press, Boston, 1988, p. 10.

Axé sur le contrôle des objectifs budgétaires, le contrôle de gestion se positionne de plus en plus comme le dispositif de réalisation de l'activité stratégique, en tenant compte de la capacité du système d'entreprise à impliquer les salariés.

Le schéma qui suit représente les différents modèles et les leviers de la gestion qu'il privilégie. Le modèle patrimonial gère plus particulièrement les moyens internes ; le modèle financier traite des arbitrages entre les moyens internes et externes ; le modèle budgétaire intègre la prévision des moyens pour une production donnée ; enfin, le modèle par activité conditionne les moyens et la production aux attentes des clients.

Les futurs modèles de gestion et les outils correspondant intègreront-ils de nouvelles variables comme les salariés, les actionnaires et les fournisseurs ?

Figure 12 : Modèles et variables de gestion

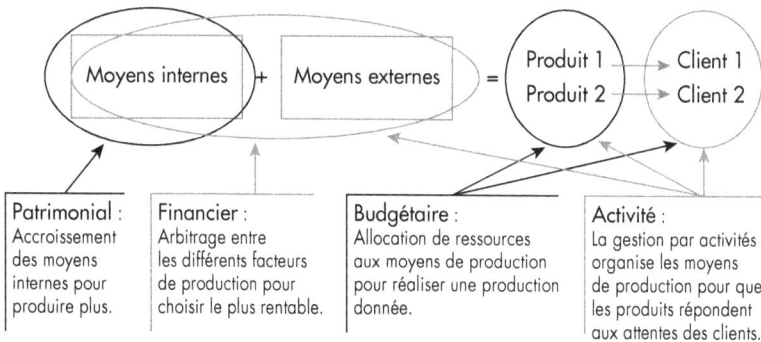

| Patrimonial : Accroissement des moyens internes pour produire plus. | Financier : Arbitrage entre les différents facteurs de production pour choisir le plus rentable. | Budgétaire : Allocation de ressources aux moyens de production pour réaliser une production donnée. | Activité : La gestion par activités organise les moyens de production pour que les produits répondent aux attentes des clients. |

Le cœur du métier

Que fait un contrôleur de gestion ? L'explicitation des modèles de gestion dans le paragraphe précédent a permis de décrire certains outils dont le contrôle de gestion a la charge de réalisation et d'exploitation : la comptabilité analytique, le budget et la comptabilité par activité. Au-delà de ces pratiques « de base », le

contrôleur de gestion a aussi en charge des pratiques dites
« évoluées » pour signifier les nouveaux rôles qui lui sont attri-
bués. La définition d'Anthony en 1988 met en avant les notions
de pilotage, d'évaluation et d'animation dans une logique de réalisation de la stratégie. Nous ne détaillerons pas ici les techniques
de contrôle de gestion, et nous conseillons de vous reporter aux
ouvrages que nous mentionnons dans la dernière partie de
l'ouvrage.

Les pratiques de base du contrôle de gestion

Dans les pratiques de base, nous distinguons quatre grandes
rubriques que l'on retrouve systématiquement dans tous les
manuels de contrôle de gestion. Il s'agit des schémas analytiques, du calcul des coûts, de la gestion budgétaire et des
tableaux de bord.

Les schémas analytiques

Les schémas analytiques consistent à déterminer les centres
d'analyses de l'entreprise. Un centre d'analyses est une unité à
laquelle des charges et des produits sont affectés et répartis pour
déterminer les coûts et les marges financières. Cela peut être un
service, un produit, un projet, un processus, une activité. Les
centres d'analyses peuvent être des centres de coûts (uniquement des charges) ou des centres de profits (avec des charges et
des produits). Les schémas analytiques doivent permettre de
suivre l'activité de l'entreprise et la réalisation de la stratégie.
C'est une nomenclature gestionnaire, mais aussi une structuration des responsabilités. Ils servent à la définition et à l'attribu-
tion des budgets en prévisionnel ainsi qu'aux calculs et à la
répartition des charges en réel.

Le calcul des coûts

Le calcul des coûts, appelé en langage anglo-saxon le *costing*,
définit toutes les méthodes de calcul des coûts pour apprécier les
lieux de réalisation des marges et fixer au mieux les prix de

vente. Les coûts sont obtenus par des méthodes de coûts variables (*direct costing* simple et évolué) ou par des méthodes de
coûts complets, qui tiennent compte des charges fixes indirectes
et directes (imputation rationnelle, sections homogènes ou
comptabilité par activité ABC). Les répartitions des charges
fixes dépendent des schémas analytiques et des clés de répartition choisies en fonction de l'activité des centres de coûts, à
répartir sur les centres de profits et les produits de l'entreprise.
Les coûts servent dans le processus de fixation des prix, mais
également dans le dispositif budgétaire et comme indicateurs
dans les tableaux de bord.

Le dispositif budgétaire

Le dispositif budgétaire consiste à définir pour chaque centre
d'analyses un budget de fonctionnement et un budget d'investissement, en fonction de leur niveau d'activité demandé. Dans
une logique de déclinaison opérationnelle de la stratégie et de
prévision des recettes et des dépenses, les budgets sont réalisés
selon un cycle annuel. Dans l'ordre sont calculés les budgets des
ventes, les budgets de production, les budgets des fonctions
transverses et le budget de trésorerie, tout cela donnant un résultat global. Les budgets donnent une prévision d'activités annuel-
les et constituent un outil de pilotage en confrontant le
prévisionnel et le réalisé pour l'obtention d'écarts, pouvant être
pris comme les indicateurs de la performance.

Les tableaux de bord

Les tableaux de bord correspondent à un ensemble d'indicateurs de coûts, d'activités, de résultats et de performance pour
un individu, un centre d'analyses, des regroupements de centres
d'analyses ou pour toute l'entreprise. Depuis une quinzaine
d'années, les tableaux de bord budgétaires ont été complétés par
des tableaux de bord opérationnels et stratégiques grâce aux systèmes d'information décisionnels et aux techniques comme le
tableau de bord prospectif ou le navigateur Skandia. À destination des décideurs et managers, les tableaux de bord ont pour

mission de mettre en alerte sur la bonne réalisation de l'activité, de la stratégie, des risques et des opportunités.

Figure 13 : Les pratiques de base du contrôle de gestion

Pratiques		Objectifs
Schémas analytiques	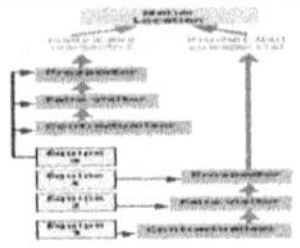	Décomposition de l'entreprise en centres d'analyses
Calcul des coûts	250 000 + 90 000 + 10 000 350 000	Détermination des coûts, des prix de vente et des marges
Dispositif budgétaire	Prévisionnel Réalisé Écart	Prévision des ressources par centre d'analyses et contrôle des écarts
Tableaux de bord	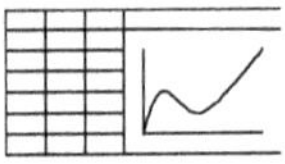	Pilotage stratégique et aide à la décision

Les pratiques évoluées du contrôle de gestion

Les pratiques évoluées correspondent aux évolutions du métier de contrôleur de gestion. Pour répondre aux besoins des décideurs et du fait d'une informatisation croissante, le métier de contrôle de gestion fait de moins en moins de traitements d'information comptable et de plus en plus d'investigations pour déterminer les lieux de performance et de création de valeur.

L'évaluation des entreprises

Les techniques de *Good Will* (évaluation du fond de commerce de l'entreprise), d'EVA (*Economic Value Added*) et d'EBITDA

(*Earning Before Interest Taxes Depreciation and Amortization*) sont devenues des outils financiers très prisés dans un contexte de gouvernance par les marchés financiers. Ce sont bien souvent les contrôleurs de gestion qui les calculent et qui prennent en charge leur *reporting*. Ces indicateurs et ratios financiers fournissent une évaluation périodique des entreprises et de leur capacité à obtenir des résultats, synonymes de rendement et de dividendes. L'évaluation peut porter sur toute l'entreprise ou sur certains de ses services, fonctions et métiers, pour apprécier leur potentiel de création de valeur d'un point de vue qualitatif et quantitatif. Il n'est pas rare de voir les dirigeants solliciter le contrôle de gestion pour la réalisation d'une étude d'évaluation d'un service fonctionnel dans une problématique de filialisation ou d'externalisation.

Veille stratégique et *benchmarking*

Pour comparer les indicateurs internes et leur donner une valeur de performance par rapport aux concurrents ou à d'autres entreprises extérieures, le contrôleur de gestion peut être amené à rechercher des informations économiques externes. Cela peut se matérialiser par la collecte d'informations publiques ou par la participation aux clubs de *benchmarking* qui échangent des données de gestion. Dans le cadre de travaux d'évaluation, de fusion, d'acquisition, d'externalisation ou d'*outsourcing*, les benchmarks externes sont très importants, car une entreprise ne dispose pas toujours des informations demandées en raison du fait qu'elle ne les utilise pas au quotidien. Le service contrôle de gestion peut également avoir en charge, en relation avec d'autres services fonctionnels, des activités de veille, en collectant systématiquement les chiffres des concurrents, du secteur d'activités ou de secteurs voisins pouvant faire l'objet de nouveaux positionnements stratégiques pour l'entreprise.

L'informatique de gestion

L'informatique de gestion devient un enjeu central pour les entreprises. Le déploiement des progiciels intégrés et des systèmes décisionnels permet une traçabilité de l'activité utile pour les analyses de gestion.

Le contrôleur de gestion n'est pas un simple utilisateur de l'informatique. Il doit également intervenir dans la maîtrise d'ouvrage (représentant métier qui participe au cahier des charges des applications informatiques en précisant les besoins des utilisateurs) pour la conception et le déploiement des systèmes d'information décisionnels.

> Un système d'information décisionnel consiste à créer un entrepôt de données alimenté par toutes les applications informatiques et exploité par des outils d'extractions simples ou multidimensionnelles avec des logiciels d'EIS (*Executive Information System*). Les données techniques de production, de commercialisation et de gestion sont insérées dans des chaînes décisionnelles standardisées qui mettent à disposition des outils de pilotage individualisés, en temps réel, et visibles à partir du poste de travail par un navigateur web. Celui qui pense et administre le système ne peut être que le contrôleur de gestion tant la dimension métier de gestion prend le pas sur la technique informatique.

La gestion des actifs

La gestion des actifs est une technique désormais très utilisée dans le cadre d'activités où la production n'est pas « stockable », notamment dans les activités de services. Il s'agit de faire varier le prix de vente et les services associés pour attirer la demande lorsque celle-ci est faible, et d'optimiser ainsi l'utilisation des actifs. Appelées « gestion du revenu » en français ou *Yield Management* en anglais, ces techniques mobilisent des processus statistiques de simulation du revenu global par hypothèses de prix.

> Le *Yield Management* peut être expliqué avec l'exemple des *Happy Hours* dans les cafés : lorsque la demande naturelle est faible (entre 15 h et 18 h), les cafetiers diminuent le tarif des boissons vendues (la bière est à 2 euros au lieu de 4 par exemple). Ce procédé entraîne un moindre gain pour chaque boisson vendue, mais le fait d'amortir les coûts fixes sur un plus grand nombre de ventes permettra d'obtenir une meilleure rentabilité sur les boissons qui seront vendues au prix fort, augmentant ainsi le revenu global.

En relation avec le marketing, le contrôle de gestion valide économiquement les hypothèses et surtout s'assure de leur réalisation et des conséquences sur le revenu global. Dans certaines entreprises, le métier de « gestion du revenu » est devenu une fonction à part entière.

Figure 14 : Les pratiques évoluées du contrôle de gestion

Pratiques	Objectifs
Évaluation des entreprises	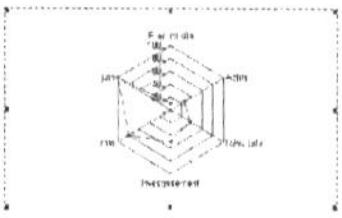 Valorisation financière de l'entreprise
Veille et *benchmarking*	 Informations externes et comparaisons
Informatique de gestion	 Conception et utilisation des systèmes d'information décisionnels
Gestion des actifs et des revenus	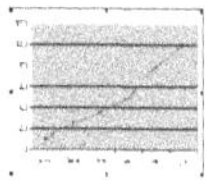 Optimisation des actifs pour maximiser les revenus

Occuper un poste de contrôle de gestion aujourd'hui

Qu'est-ce qu'être contrôleur de gestion en entreprise ? Les paragraphes précédents traitant de la définition, de l'historique et des pratiques montrent des évolutions et des réalités très différentes. Le contrôleur de gestion est celui qui calcule la performance de l'entreprise en mettant en place des dispositifs de collecte, de traitement et d'analyse des informations de gestion.

Cantonné à un rôle de traitement des informations post-comptables jusque dans les années 80, la fonction de contrôleur de gestion a évolué pour devenir ce que l'on appelle un « business analyste » : c'est celui qui sait dire où et comment se crée la valeur dans l'entreprise, celui qui sait mettre en place les systèmes de capteurs de l'information pertinente, et celui qui met tous les acteurs de l'entreprise en posture de management économique.

Le nombre de contrôleurs de gestion

En 2005, il y avait 3,66 millions de cadres en France[1]. Sur 16 000 offres d'emploi APEC[2], 400 concernaient des contrôleurs de gestion, ce qui représente environ 2,5 % des offres. En reprenant cette hypothèse de quantification, il y aurait environ 100 000 contrôleurs de gestion, ce qui correspond à 2,5 % des cadres.

Tout ou partie des activités de contrôle de gestion peuvent être réalisées par les cadres et/ou les dirigeants des organisations. Sans pouvoir fournir un chiffre précis, nous pouvons avancer l'idée que tout acteur d'entreprise en situation de pilotage de son activité et de ses ressources sera partiellement contrôleur de gestion.

Les postes de contrôle de gestion

Les postes de contrôle de gestion sont très différents. Nous avons mené une investigation auprès de plusieurs entreprises pour savoir quels types de postes étaient occupés par des contrôleurs de gestion. Nous avons identifié deux typologies, une typologie fonctionnelle et une typologie métier, ainsi qu'une différence entre les postes junior et les postes senior.

---

1. Source : Insee.
2. Agence pour l'emploi des cadres, http://www.apec.fr

La typologie fonctionnelle

La typologie fonctionnelle différencie les contrôleurs de gestion siège et les contrôleurs de gestion terrain. Les premiers sont rattachés au siège et réalisent des tâches de *reporting*, de synthèse et d'analyse économique pour le compte de la direction. Les seconds sont rattachés à une filiale, usine, branche ou même service et ont en charge le suivi budgétaire, les calculs de coûts et la mise à jour des tableaux de bord. Ils travaillent essentiellement pour les managers de terrain et pour le contrôle de gestion central. La répartition est à peu près équivalente entre ces deux métiers.

La typologie métier

La typologie métier explique les tâches principales qui incombent aux contrôleurs de gestion. Dans beaucoup de grandes entreprises, les contrôleurs de gestion sont occupés à 40 % par l'activité budgétaire et le *reporting*, et à 20 % par le calcul des coûts, ce qui signifie que 60 % du temps de travail est consacré aux pratiques de base et de contrôle, au détriment des activités plus prospectives d'aide à la décision. Avec le développement de l'informatisation des activités de gestion, la répartition entre contrôle et pilotage va probablement s'inverser dans les années à venir.

Typologies du contrôle de gestion

Typologie métier	Typologie fonctionnelle
• Gestion budgétaire et *reporting* : 40 % • Gestion coûts : 20 % • Informatique de gestion : 15 % • Pilotage et aide à la décision : 15 %	• Contrôleur de gestion opérationnel sur site : 50 % • Contrôleur de gestion siège : 50 %

Les statuts senior et junior

Un autre élément de différenciation réside dans le statut senior ou junior du contrôleur de gestion, comme le montrent les deux annonces dans le tableau qui suit. Outre le salaire qui est différent, les postes d'experts nécessitent entre 7 et 10 ans d'expérience, en ayant obligatoirement occupé une fonction de management, accompagnée d'une forte maîtrise de l'environnement informatique.

Exemple d'offres d'emploi en contrôle de gestion

Annonce n° 1	Annonce n° 2
La société	
Une société industrielle de 600 personnes d'une multinationale de 250 000 personnes	Une entreprise d'ingénierie en bâtiment de 400 personnes
Le poste	
Intitulé du poste : Responsable contrôle de gestion *Type de contrat* : CDI *Lieu* : Bordeaux (33) *Descriptif du poste* : Vous analysez les éléments financiers et assistez les collaborateurs opérationnels pour la bonne gestion de leurs centres de profits et/ou projets. Vous participez à l'élaboration du budget et des prévisions. Vous préparez et validez les états financiers mensuels dans le respect des règles de gestion du groupe. Vous assurez le respect des délais. Vous proposez et participez au développement et à la mise en œuvre des outils de gestion et d'information.	*Intitulé du poste* : Contrôleur de gestion junior *Type de contrat* : CDI *Lieu* : Paris (75) *Descriptif du poste* : Au sein de notre direction financière (6 personnes), vous prenez en charge le contrôle de gestion analytique des projets. Vous assistez les chefs de projet dans l'établissement de leur budget et assurez le suivi budgétaire des projets. Vous fournissez aux responsables les informations appropriées de façon à améliorer leur compréhension de l'influence de leurs décisions sur les résultats. Vous suivez l'avancement des projets en assurant le contrôle de gestion industriel, et contrôlez l'évolution des prix de revient.
Profil recherché	
Master's Degree (4-6 years). *English: Good.* *Background: Finance, Accounting, Controlling.* Première expérience de 5 ans dans la fonction. Connaissance de l'ERP SAP souhaitée.	Master en contrôle de gestion. Bonne connaissance des outils Business Object et Excel.

Le positionnement du contrôle de gestion

Les contrôleurs de gestion n'ont pas le même positionnement dans l'organigramme en fonction des entreprises. Outre le fait que les rattachements hiérarchiques sont différents, les pratiques et le rôle de cette fonction peuvent être conditionnés par ce positionnement. Nous avons ainsi différencié trois configurations du service contrôle de gestion qui correspondent à trois positionnements différents.

La configuration direction administrative et financière (DAF)

La DAF est la plus répandue. Elle correspond à 65 % des services contrôle de gestion. Le service contrôle de gestion est rattaché directement au directeur financier et constitue un des départements de la DAF, au même titre que la comptabilité ou la trésorerie. Parfois, le service contrôle de gestion est positionné comme un service à part, directement relié au directeur financier, et transverse à tous les départements de ce même service.

Le principal avantage est la proximité avec les informations comptables et financières. L'inconvénient principal est de cantonner le contrôle de gestion dans le domaine comptable et financier, sans lui permettre de développer suffisamment des outils d'aide au pilotage opérationnel.

Figure 15 : La configuration DAF
(Direction administrative et financière) du contrôle de gestion

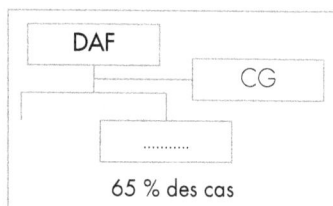

La configuration Direction générale (DG)

La DG est la configuration la plus répandue après la DAF. Elle correspond à un positionnement du contrôle de gestion en tant que contrôle interne et analyste de dossiers d'évaluation de type business plan. Dans ce cas de figure, elle est très souvent associée à l'audit interne en charge de définir et de vérifier l'application des procédures et autres règles internes.

L'équipe de contrôle de gestion est très réduite. Ses missions sont essentiellement concentrées sur le suivi de la stratégie et l'évaluation des opportunités de croissance internes et externes. Cette configuration a connu une évolution il y a une quinzaine d'années, avec l'émergence des services d'expertise. Elle représente actuellement environ 20 % des services de contrôle de gestion.

Figure 16 : La configuration DG (Direction générale)
du contrôle de gestion

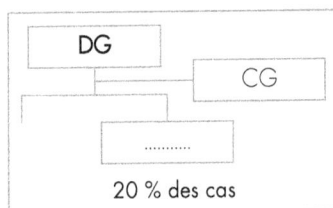

La configuration Stratégie/Système d'information

L'importance croissante des systèmes d'information et le rôle d'avantages concurrentiels que peuvent jouer ces derniers ont conduit les entreprises à créer des directions qui peuvent regrouper la stratégie, les systèmes d'information, l'organisation et le contrôle de gestion. Positionnées comme des entités de management stratégique, elles confèrent au contrôle de gestion un rôle de business analyste en lui donnant accès aux variables organisation et aux systèmes d'information.

Cette configuration est assez rare : elle représente seulement 15 % des services contrôle de gestion. On la retrouve plutôt dans les entreprises de services ou dans les moyennes organisations, qui ne peuvent supporter les coûts fixes de nombreux services supports.

Figure 17 : La configuration Stratégie/Système d'information
du contrôle de gestion

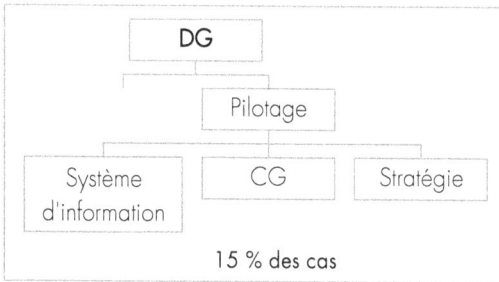

```
                    ┌──────────────┐
                    │     DG       │
                    └──────────────┘
                           │
                    ┌──────────────┐
                    │   Pilotage   │
                    └──────────────┘
          ┌────────────────┼────────────────┐
  ┌──────────────┐  ┌──────────────┐  ┌──────────────┐
  │   Système    │  │     CG       │  │  Stratégie   │
  │ d'information│  └──────────────┘  └──────────────┘
  └──────────────┘
                     15 % des cas
```

Synthèse

La fonction contrôle de gestion est actuellement au cœur
des problématiques de pilotage et de gouvernance des
entreprises. La tension économique qui s'exerce depuis la
crise des années 80 a donné une place privilégiée à cette
fonction dont le rôle de contrôleur budgétaire tend à
s'estomper au profit de celui de business analyste. Le
métier de contrôleur de gestion devient de plus en plus
complexe, et la capacité d'un service du même nom nécessite des évaluations pour savoir s'il réalise au mieux l'activité qui lui est attribuée. Les parties suivantes de cet
ouvrage donnent les éléments d'appréciation et un dispositif de mesure.

Chapitre 3

L'évaluation des activités de la fonction contrôle de gestion

▦ Le référentiel d'activités
▦ Les questionnaires d'évaluation des activités
▦ Le taux d'activités

L'objet de ce chapitre est de décrire toutes les prestations qu'une fonction contrôle de gestion peut être amenée à réaliser pour le compte de ses différents clients internes. Pour expliciter ces prestations, nous reprenons les pratiques de la fonction présentées dans le chapitre précédent. Les pratiques de métier sont au nombre de huit :

1. construction des schémas analytiques ;

2. calcul des coûts ;

3. construction des dispositifs budgétaires ;

4. création et déploiement des tableaux de bord ;

5. analyses et évaluations internes et externes de performance ;

6. gestion du revenu global ;

7. veille et *benchmarking.*

8. déploiement et utilisation de l'informatique de gestion ;

Pour chacune de ces huit catégories, nous définissons les prestations et activités qu'une fonction contrôle de gestion peut faire. Cette liste se veut exhaustive dans la limite du possible ; en fonction des entreprises, de leurs secteurs d'activités, du nombre de contrôleurs de gestion et du positionnement de cette fonction, certaines activités seront privilégiées. Cette liste est avant tout un référentiel d'activités à moduler en fonction des entreprises. Le référentiel d'activités sera ensuite utilisé pour évaluer le niveau de prestation de la fonction contrôle de gestion avec la grille suivante.

Structure de la grille d'évaluation

Activités	Réalisation de l'activité		Importance de l'activité pour l'entreprise	
	Oui	Faible	Faible	Oui
Activité 1				
Activité n				

Pour chacune des activités, nous établirons si elle est réalisée (ou non) et si elle est importante (ou non) pour l'activité de l'entreprise. Cela permettra de faire une évaluation d'activités par un taux de couverture global et un taux de couverture tenant compte de l'importance des activités pour l'entreprise.

Le référentiel d'activités de la fonction contrôle de gestion

En reprenant les quatre pratiques principales et les quatre pratiques évoluées, nous détaillons chacune d'entre elles en avançant une liste d'activités dont l'ensemble constitue un référentiel.

Construction des schémas analytiques

Une des premières actions d'un service contrôle de gestion est de reprendre ou de créer, quand elle n'existe pas, la structure analytique de l'entreprise. Il s'agit de lister tous les centres d'analyses, de définir leur statut (centres de profits, centres de coûts, centres d'investissements, centre de dépenses discrétionnaires) et les liens d'affectation et de répartition des charges et des produits qui existent entre eux.

Un centre d'analyses est un sous-ensemble de l'entreprise, un centre de regroupement comptable où les charges indirectes aux produits sont accumulées et analysées avant d'être réparties entre les produits ou, plus largement, entre les objets de coûts. Un centre d'analyses peut être décomposé en sections. Une section est « une subdivision ouverte à l'intérieur d'un centre de travail lorsque la précision recherchée dans le calcul des coûts du produit conduit à effectuer l'imputation du coût d'un centre de travail au moyen de plusieurs unités d'œuvre et non d'une seule »[1]. Les centres ou sections auxiliaires regroupent des coûts relatifs à des opérations homogènes du point de vue de leur comportement de coûts (comme des activités d'entretien, de maintenance, etc.), mais qui ne constituent pas des opérations de production en tant que telles.

Activités pour la construction des schémas analytiques

Activités	Descriptifs
1. Définir les structures de l'entreprise	Quels sont tous les services et départements qui perçoivent des ressources pour leur fonctionnement ?
2. Définir les produits de l'entreprise	Quels sont tous les produits de l'entreprise vendus aux clients ?
3. Définir toutes les activités de l'entreprise	Quelles sont toutes les actions opérationnelles significatives pour le fonctionnement de l'entreprise ?
4. Définir les processus de l'entreprise	Quels sont les processus opérationnels et supports de l'entreprise ?
5. Définir les centres et sections de profits	Dans les structures identifiées, quelles sont celles qui ont des charges et des produits ?
6. Définir les centres et sections de coûts	Dans les structures identifiées, quelles sont celles qui n'ont aucun produit et uniquement des charges ?
7. Définir les centres et sections d'investissements	Dans les structures identifiées, quelles sont celles dont la finalité est de réaliser un investissement ?
8. Définir les centres et sections de dépenses projets	Quels sont les projets de l'entreprise, leur montant, et est-ce qu'ils doivent faire l'objet d'une gestion différente ?

---

1. Selon le plan comptable général.

9. Définir les centres et sections auxiliaires	Quelles sont les structures supports qui concourent indirectement à la production ?
10. Définir les unités d'œuvre de chaque centre et section	Pour chaque centre et section, comment mesurer leur niveau d'activité ?
11. Définir les clés de répartition entre les centres auxiliaires et principaux	Définition des règles de répartition des coûts fixes indirects des centres auxiliaires sur les centres principaux.

Calcul des coûts

À partir des schémas analytiques, il est possible de déterminer des coûts de production pour les produits vendus (et donc des marges), mais aussi des coûts de fonctionnement. Les produits, les activités et les structures peuvent ainsi être envisagés en termes de coût, de marge et de prix pour les éléments pouvant faire l'objet de négociation. Il existe deux grandes méthodes de calcul des coûts : les méthodes en coûts variables, qui ne tiennent pas compte des charges fixes, et les méthodes en coûts complets, qui répartissent les charges fixes.

Activités pour le calcul des coûts

Activités	Descriptifs
1. Faire un calcul de coût en *direct costing* simple	Calculer une marge sur coûts variables
2. Faire un calcul de coût en *direct costing* évolué	Calculer une marge sur coûts spécifiques
3. Calculer un seuil de rentabilité	Déterminer le nombre de produits à vendre pour couvrir les coûts fixes et ainsi définir la production minimum à vendre
4. Calculer un coût complet par la méthode des sections homogènes	Répartir des charges fixes par des péréquations d'activités des structures
5. Calculer un coût complet par la méthode de l'imputation rationnelle	Répartir des charges fixes selon des péréquations de volumes
6. Calculer un coût complet par la méthode ABC	Déterminer un coût par structure réparti sur les activités et les produits
7. Déterminer un prix de vente	En tenant compte des contraintes marketing et des coûts de production, proposer des prix de vente

8. Faire des analyses de remplacement de postes de charges	S'interroger pour chacun des postes de charges des possibilités (et coûts associés) de faire autrement
9. Faire du *target costing* (calcul de coûts cibles)	Définir les coûts de production à partir d'un prix et d'une marge et rechercher les moyens de production qui permettent de réaliser le coût
10. Faire une mission de *cost killing*	Prendre tous les postes de charges et s'interroger sur les possibilités de réduction

Construction des dispositifs budgétaires

La gestion budgétaire, principalement initiée dans les années 60, utilise les centres d'analyses des schémas analytiques pour leur adjoindre des comptes de charges et de produits en termes prévisionnels pour un pilotage par les écarts. Permettant une meilleure gestion des ressources, mais aussi une autonomie au management, la gestion budgétaire s'est imposée dans les années 70 avant d'être critiquée pour sa faible réactivité aux opportunités et contraintes de l'environnement, devenues plus prégnantes à partir des années 80. Si cet outil est aujourd'hui complété par des contrats de gestion plus orientés en termes de résultats que de ressources, la gestion budgétaire n'en demeure pas moins importante. Sa réalisation peut être abordée à travers les différentes prestations qui suivent.

Activités pour les dispositifs budgétaires

Activités	Descriptifs
1. Mettre en place un dispositif budgétaire	Avoir un budget global pour l'entreprise, décliné dans tous les centres d'analyses
2. Faire un budget des ventes	Définir avec le commercial le prévisionnel des ventes en prix et quantités
3. Faire un budget des approvisionnements	À partir de la production prévisionnelle, définir les besoins de matière pour réaliser cette même production
4. Faire un budget du personnel	Compte tenu de la structure de l'entreprise et de son niveau d'activité, déterminer le volume et la rémunération de la main-d'œuvre en global et par service

5. Faire un budget d'investissement	Compte tenu de l'état des actifs et du besoin de production, déterminer quels seront les investissements nécessaires et leur durée d'amortissement
6. Faire un budget de fonctionnement	Reprendre toutes les charges et produits hors amortissement
7. Faire un budget de trésorerie	Mois par mois, formaliser les rentrées et sorties monétaires pour gérer au mieux le besoin ou l'excédent de trésorerie
8. Calculer les écarts de rendement	L'activité a-t-elle été réalisée selon les standards ou bien a-t-elle fait preuve de productivité, ou inversement ?
9. Calculer les écarts de prix et de volume	Pour les biens vendus et achetés, les prix pratiqués ont-ils été différents (à la hausse ou à la baisse) de ceux prévus ? L'écart détermine si les quantités consommées et produites sont différentes de celles envisagées
10. Faire une étude BBZ (budget base zéro)	Le budget base zéro consiste à s'interroger sur tous les postes de dépenses et à émettre des solutions de remplacement pour réaliser des économies
11. Formaliser les contrats de gestion en termes de résultats	Écriture des engagements de résultats (quantitatifs et qualitatifs) avec les principaux responsables dans l'entreprise
12. Décliner les contrats de gestion et/ou budget dans les différents services de l'entreprise	Mettre en place une politique et un management contractuels en termes d'objectifs dans l'entreprise Définir les postes de charges et de produits pour une structure et former les managers à la définition et à l'utilisation de leur budget
13. Négocier les contrats de gestion auprès des managers	Mettre en place un dispositif d'échanges et de négociation avec les managers pour la finalisation de leur contrat de gestion

Tableaux de bord

Les tableaux de bord sont devenus en une quinzaine d'années le produit phare du contrôle de gestion. Dans une logique de maîtrise de l'activité en temps réel et avec l'objectif de la modifier le plus rapidement possible, les managers ont sollicité le contrôle de gestion pour qu'il produise des outils de mesure de leur activité. Ce sont également les directions générales qui ont poussé à la mise en œuvre de ce type d'instrument pour mettre sous contrôle leur organisation dans une logique de *reporting*. Le succès du *Balanced Scorecard* de Kaplan et Norton illustre ce mouvement et le besoin d'instruments qui apprécient la réalisation de l'activité dans le cadre de la stratégie.

Activités pour les tableaux de bord

Activités	Descriptifs
1. Définir des indicateurs selon la méthode Ovar	Créer des indicateurs à partir des différents objectifs de l'entreprise
2. Définir des indicateurs de coûts	Créer des indicateurs de consommation et d'utilisation des ressources
3. Définir des indicateurs de résultats	Créer des indicateurs de mesure des résultats quantitatifs et qualitatifs
4. Définir des indicateurs de performance	Croiser les indicateurs de coûts et de résultats pour obtenir des indications de performance de l'activité
5. Définir des indicateurs de risque	Mesurer des variables définies comme étant des risques à surveiller
6. Mettre en place un *Balanced Scorecard* au niveau de la direction générale	Décliner le *Balanced Scorecard*[b] (tableau de bord prospectif) pour la direction générale
7. Mettre en place un *Balanced Scorecard* dans toute l'entreprise	Décliner le *Balanced Scorecard*[b] (tableau de bord prospectif) dans tous les services d'une entreprise
8. Mettre en œuvre un navigateur Skandia	Décliner le modèle du navigateur Skandia qui donne une place importante aux indicateurs sociaux et humains[c]
9. Réaliser un tableau de bord social	Définir les indicateurs sociaux (ambiance, effectifs, volume de travail, etc.) et intégrer ceux-ci dans un tableau de bord par département ou pour l'entreprise en général
10. Analyser l'utilisation que les managers font des tableaux de bord	Chercher à améliorer le fond et la forme des tableaux de bord en fonction des attentes des utilisateurs
11. Travailler l'ergonomie des tableaux de bord	Dans une logique de construction d'outils d'alerte, déterminer les règles de cognition des tableaux de bord et améliorer leur ergonomie

12. Mettre en relation les tableaux de bord et les contrats de gestion	Coupler les tableaux de bord avec les contrats de gestion pour utiliser les premiers comme contrôle des seconds

a. Voir à ce sujet les quatre dimensions et le lien avec la stratégie, chapitre 1.
b. Voir à ce sujet les quatre dimensions et le lien avec la stratégie, chapitre 1.
c. Voir à ce sujet chapitre 1.

Évaluation des entreprises

La gouvernance des entreprises évolue vers une logique que les Anglo-Saxons nomment « *shareholder* ». Il est important d'évaluer constamment la valeur de l'entreprise et sa rentabilité en vue de satisfaire les différents types d'investisseurs. Selon certains, le financier prend le pas sur la production ! Sans porter de jugement sur cette évolution, dans les faits, cela conduit aux transformations des modes de pilotage et de gestion. Les indicateurs financiers et les résultats à court terme sont valorisés au profit des données de production à moyen ou long terme. Cela se traduit par l'émergence de nouveaux besoins et de nouveaux instruments de gestion, dont le contrôle de gestion a la charge.

Activités pour l'évaluation des entreprises

Activités	Descriptifs
1. Calculer l'EBITDA[a]	Calculer un ratio financier de création de valeur financière (*cf.* chapitre 1)
2. Calculer l'EVA[b]	Déterminer la capacité de l'entreprise à produire des résultats économiques selon différentes règles de calcul
3. Calculer le *Good Will*	Déterminer la valeur du fonds de commerce de l'entreprise, et de son actif immatériel en tant que potentialité de chiffre d'affaires et de résultats
4. Réaliser un business plan	Définir les principales variables d'activités d'une structure et des hypothèses de causalité entre leur niveau d'activité et de performance économique
5. Déterminer les facteurs clés de succès économique d'un business plan	Quelles sont les variables influentes dans un business plan et selon quel niveau d'activité ?

6. Réaliser une étude d'opportunités d'un investissement	Faire l'analyse stratégique, financière et opérationnelle en termes d'opportunités pour un nouvel investissement
7. Évaluer les différentes fonctions supports de l'entreprise	Déterminer les éléments d'appréciation de la performance des différentes fonctions supports et proposer des standards de leur productivité et performance
8. Faire une analyse de la chaîne de valeurs d'une entreprise	Quelles sont les activités qui créent le plus de valeur pour le client ? Il s'agit de procéder à une analyse économique, mais également stratégique pour savoir quelles sont les activités du « cœur business »
9. Faire des analyses de risque et les intégrer comme variables d'évaluation	Utiliser les indicateurs de risques comme une des variables d'évaluation
10. Faire des analyses de qualité et les intégrer comme variables d'évaluation	Utiliser les indicateurs de qualité comme une des variables d'évaluation
11. Évaluer la culture de gestion des managers en termes financiers et économiques	Réaliser des interviews et/ou des tests pour savoir si les managers ont une culture de gestion et une bonne connaissance des outils de gestion
12. Faire une analyse sur les résistances et la perception des utilisateurs des productions du contrôle de gestion	Réaliser des interviews et/ou des tests pour savoir si les managers utilisent les outils de gestion
13. Faire des évaluations par des techniques statistiques d'échantillonnage	Utiliser des techniques statistiques et probabilistes pour les différentes évaluations de gestion
14. Coter la dimension sociale de l'entreprise	Évaluer le niveau de satisfaction des salariés au regard de leurs conditions de travail, rémunération, etc.

a. Voir chapitre 1.
b. Voir chapitre 1.

Veille et benchmarking

Le management, et plus particulièrement le contrôle de gestion, ne peuvent ignorer leur environnement présent tant en termes de contraintes que d'opportunités. Pour cela, le contrôle de gestion se doit de mettre en place des actions de collecte d'informations, mais aussi des dispositifs de sélection de ces informations pour les utiliser en interne, à titre de comparaison, ou bien pour des études exploratoires.

Le *benchmarking*[1] est né il y a une vingtaine d'années dans l'entreprise Xerox, comme moyen de mieux analyser son niveau de performance et de ne pas s'auto-glorifier ou s'auto-flageller avec uniquement des données internes.

Activités pour la veille et le *benchmarking*

Activités	Descriptifs
1. Avoir des indicateurs de *benchmarking* intra-entreprise dans les tableaux de bord	Calculer les indicateurs de manière à ce qu'ils puissent être comparés entre différentes structures de l'entreprise pour faire l'objet d'une recherche de causes et de meilleures pratiques
2. Avoir des indicateurs de *benchmarking* interentreprises	Calculer les indicateurs de manière à ce qu'ils puissent être comparés avec d'autres entreprises
3. Faire des études de *benchmarking* intra-entreprise	Sur un point particulier et de manière ponctuelle, il s'agit de comparer un même indicateur sur plusieurs structures internes et de réaliser des analyses explicatives par comparaison
4. Faire des études de *benchmarking* interentreprises	Comparaison d'indicateurs entre plusieurs entreprises sur une même base de comparabilité
5. Animer des réunions d'amélioration de la performance par le *benchmarking*	Les résultats des études peuvent faire l'objet de réunions avec des représentants des structures intercomparées pour que ces derniers expliquent les différences et permettent un échange de bonnes pratiques
6. Participer à un club de *benchmarking* avec des entreprises extérieures	Certaines entreprises se sont regroupées au sein de clubs pour échanger des informations et s'autobenchmarker
7. Déployer un système de veille informationnelle sur le secteur et les principaux acteurs	À partir des informations publiques (presse, Internet), rechercher systématiquement toutes les données pour le secteur de l'entreprise ou bien des concurrents explicitement identifiés

---

1. Voir à ce sujet l'ouvrage *Le benchmarking* de Robert Camp, Éditions d'Organisation, 1995.

8. Formaliser les meilleures pratiques de gestion dans votre entreprise	Les analyses *benchmarking* permettent d'identifier de bonnes pratiques de gestion qui peuvent être formalisées et diffusées en direction des managers et/ou de l'ensemble des salariés

Informatique de gestion

Le contrôleur de gestion est une personne qui collecte des informations (commerciales, comptables, budgétaires, de production) dans une logique de contrôle et de recherche de performance. Quelle est la part à donner à la collecte, au traitement et à l'analyse ? Depuis une vingtaine d'années, le développement de l'informatique en tant qu'outil de gestion, et l'émergence des progiciels de gestion intégrés ont permis une automatisation de la collecte et de certains éléments du traitement, permettant ainsi à la fonction contrôle de gestion de se focaliser sur l'analyse. La contrepartie pour le contrôle de gestion a été de se doter de compétences tant pour la mise en place de ces systèmes que pour leur exploitation. Désormais, les activités informatiques font partie intégrante du référentiel d'activités du contrôle de gestion.

Les contrôleurs de gestion sont de plus en plus sollicités comme maîtrise d'ouvrage pour le déploiement des applications informatiques décisionnelles ou des progiciels de gestion internes.

Activités pour l'informatique de gestion

Activités	Descriptifs
1. Mettre les productions du contrôle de gestion sous un intranet	Les tableaux de bord papier peuvent être remplacés par des applications sur intranet qui permettent aux managers de consulter leurs données de gestion mises à jour automatiquement
2. Créer un *datawarehouse* de gestion	Les informations des différentes applications informatiques peuvent être regroupées de manière plus ou moins automatique dans un entrepôt de données pour les besoins de gestion
3. Informatiser un dispositif budgétaire	Le dispositif budgétaire (définition des budgets par structure + leur consolidation + budgets généraux + états prévisionnels) peut être informatisé avec des logiciels

4. Faire du contrôle de gestion avec un ERP (*Entreprise Ressources Planning*)	Les ERP (*Entreprise Ressources Planning*) ou PGI (progiciel de gestion intégré) en français permettent une informatisation structurée de tout ou partie du fonctionnement des entreprises. Leurs fonctionnalités sont riches d'opportunités pour le contrôle de gestion, mais peuvent modifier certaines de ses pratiques
5. Analyser les ressources informationnelles d'un SI (système d'information)	Il s'agit de définir un dictionnaire de toutes les données exploitables dans le système d'information pour envisager leur utilisation pour des productions de contrôle de gestion
6. Être maîtrise d'ouvrage gestion pour des projets de système d'information	Les contrôleurs de gestion peuvent être amenés à être les représentants métiers pour déterminer les besoins en matière de gestion lors du déploiement des applications informatiques
7. Savoir utiliser des outils de *datamining* et des EIS (*Executive Information System* : Logiciel d'aide à la décision)	Les données stockées dans les entrepôts peuvent être extraites ou bien traitées avec des outils multidimensionnels qui établissent des modèles de corrélation et de lien pour l'obtention d'indicateurs

Gestion des actifs et des revenus

La recherche d'économies réside dans les achats, mais également dans une meilleure utilisation des actifs, ce qui correspond en général aux charges fixes. Un restaurant qui est ouvert huit heures par jour aura les mêmes charges fixes que celui qui officie pendant douze heures (à structure de coûts identiques). En revanche, le dernier, en fonction du coût marginal de ses prestations, aura la possibilité d'amortir ses charges fixes sur un plus grand nombre de produits et pourra ainsi améliorer sa rentabilité et sa recette. Les techniques de management du revenu s'inscrivent dans cette logique d'optimisation des capacités de production et des actifs, avec des positionnements marketing qui jouent sur les prix et les services pour attirer le maximum de clients pendant les périodes où la demande est naturellement faible. Le contrôle de gestion travaille généralement en relation avec les départements marketing et production pour la définition de modèles d'activités qui créent le plus de rentabilité.

Activités pour la gestion des actifs et des revenus

Activités	Descriptifs
1. Calculer l'élasticité au prix des principaux produits	Comment évolue la demande lorsque le prix augmente et diminue ?
2. Définir les courbes de demandes dans le temps et par types de clients	Il s'agit de déterminer les volumes de demandes dans le temps et leur évolution
3. Évaluer régulièrement les capacités de production des actifs	Donner une évaluation régulièrement des actifs en termes financiers, mais également en termes de capacités de production
4. Mesurer le niveau d'utilisation de l'actif	Quelle est la part des actifs utilisés par rapport à leur capacité totale ?
5. Calculer le manque à gagner en cas de sous-utilisation de l'actif	Quel est le coût de la non-utilisation des actifs par rapport à leur capacité totale ?
6. Calculer les algorithmes d'optimisation des actifs dans une logique de *Yield Management*	Expérimentée dans les transports, le *Yield Management* consiste à construire des algorithmes d'optimisation des actifs et de leurs capacités en vue d'obtenir le meilleur revenu, c'est-à-dire la recette la plus élevée
7. Sensibiliser les managers à l'optimisation des actifs	Les managers ont-ils eu des informations et formations sur les conséquences de l'optimisation des actifs sur le résultat financier ?
8. Réaliser des simulations économiques par hypothèses et probabilités	À partir de l'élasticité au prix, de la réceptivité des clients aux services et des contraintes et opportunités, il s'agit de simuler les niveaux d'activité et leurs conséquences économiques
9. Évaluer l'actif immatériel de l'entreprise	Évaluer la connaissance, le savoir-faire et les avantages concurrentiels en termes de recherche, de production et de commercialisation de l'entreprise
10. Calculer le taux d'utilisation de l'actif immatériel	Très difficile à calculer, le taux d'utilisation de l'actif immatériel est une appréciation de l'utilisation réelle de cet actif par rapport à son potentiel : les salariés utilisent-ils 50 ou 30 % de leur potentiel de créativité ?

Les questionnaires d'évaluation des activités

Remplissez le questionnaire suivant pour savoir si votre service contrôle de gestion réalise toutes les activités qu'il est censé faire.

Activités Schémas analytiques

1. Définir les structures de l'entreprise	☐ Activité réalisée ☐ Activité non réalisée	☐ Activité importante ☐ Activité peu importante
2. Définir les produits de l'entreprise	☐ Activité réalisée ☐ Activité non réalisée	☐ Activité importante ☐ Activité peu importante
3. Définir toutes les activités de l'entreprise	☐ Activité réalisée ☐ Activité non réalisée	☐ Activité importante ☐ Activité peu importante
4. Définir les processus de l'entreprise	☐ Activité réalisée ☐ Activité non réalisée	☐ Activité importante ☐ Activité peu importante
5. Définir les centres et sections de profits	☐ Activité réalisée ☐ Activité non réalisée	☐ Activité importante ☐ Activité peu importante
6. Définir les centres et sections de coûts	☐ Activité réalisée ☐ Activité non réalisée	☐ Activité importante ☐ Activité peu importante
7. Définir les centres et sections d'investissement	☐ Activité réalisée ☐ Activité non réalisée	☐ Activité importante ☐ Activité peu importante
8. Définir les centres et sections de dépenses projets	☐ Activité réalisée ☐ Activité non réalisée	☐ Activité importante ☐ Activité peu importante
9. Définir les centres et sections auxiliaires	☐ Activité réalisée ☐ Activité non réalisée	☐ Activité importante ☐ Activité peu importante
10. Définir les unités d'œuvre de chaque centre et section	☐ Activité réalisée ☐ Activité non réalisée	☐ Activité importante ☐ Activité peu importante
11. Définir les clés de répartition entre les centres auxiliaires et principaux	☐ Activité réalisée ☐ Activité non réalisée	☐ Activité importante ☐ Activité peu importante

Taux d'activités Schémas analytiques

Activités Costing

1. Faire un calcul de coût en *direct costing* simple	☐ Activité réalisée ☐ Activité non réalisée	☐ Activité importante ☐ Activité peu importante
2. Faire un calcul de coût en *direct costing* évolué	☐ Activité réalisée ☐ Activité non réalisée	☐ Activité importante ☐ Activité peu importante
3. Calculer un seuil de rentabilité	☐ Activité réalisée ☐ Activité non réalisée	☐ Activité importante ☐ Activité peu importante

4. Calculer un coût complet par la méthode des sections homogènes	☐ Activité réalisée ☐ Activité non réalisée	☐ Activité importante ☐ Activité peu importante
5. Calculer un coût complet par la méthode de l'imputation rationnelle	☐ Activité réalisée ☐ Activité non réalisée	☐ Activité importante ☐ Activité peu importante
6. Calculer un coût complet par la méthode ABC	☐ Activité réalisée ☐ Activité non réalisée	☐ Activité importante ☐ Activité peu importante
7. Déterminer un prix de vente	☐ Activité réalisée ☐ Activité non réalisée	☐ Activité importante ☐ Activité peu importante
8. Faire des analyses de remplacement de postes de charges	☐ Activité réalisée ☐ Activité non réalisée	☐ Activité importante ☐ Activité peu importante
9. Faire du *target costing* (calcul de coûts cibles)	☐ Activité réalisée ☐ Activité non réalisée	☐ Activité importante ☐ Activité peu importante
10. Faire une mission de *cost killing*	☐ Activité réalisée ☐ Activité non réalisée	☐ Activité importante ☐ Activité peu importante
Taux d'activités Costing		

Activités budgétaires		
1. Mettre en place un dispositif budgétaire	☐ Activité réalisée ☐ Activité non réalisée	☐ Activité importante ☐ Activité peu importante
2. Faire un budget des ventes	☐ Activité réalisée ☐ Activité non réalisée	☐ Activité importante ☐ Activité peu importante
3. Faire un budget des approvisionnements	☐ Activité réalisée ☐ Activité non réalisée	☐ Activité importante ☐ Activité peu importante
4. Faire un budget du personnel	☐ Activité réalisée ☐ Activité non réalisée	☐ Activité importante ☐ Activité peu importante
5. Faire un budget d'investissement	☐ Activité réalisée ☐ Activité non réalisée	☐ Activité importante ☐ Activité peu importante
6. Faire un budget de fonctionnement	☐ Activité réalisée ☐ Activité non réalisée	☐ Activité importante ☐ Activité peu importante
7. Faire un budget de trésorerie	☐ Activité réalisée ☐ Activité non réalisée	☐ Activité importante ☐ Activité peu importante
8. Calculer les écarts de rendement	☐ Activité réalisée ☐ Activité non réalisée	☐ Activité importante ☐ Activité peu importante

9. Calculer les écarts de prix	☐ Activité réalisée ☐ Activité non réalisée	☐ Activité importante ☐ Activité peu importante
10. Calculer les écarts de volume	☐ Activité réalisée ☐ Activité non réalisée	☐ Activité importante ☐ Activité peu importante
11. Formaliser les contrats de gestion en termes de résultats	☐ Activité réalisée ☐ Activité non réalisée	☐ Activité importante ☐ Activité peu importante
12. Décliner des contrats de gestion dans les différents services de l'entreprise	☐ Activité réalisée ☐ Activité non réalisée	☐ Activité importante ☐ Activité peu importante
13. Négocier des contrats de gestion auprès des managers	☐ Activité réalisée ☐ Activité non réalisée	☐ Activité importante ☐ Activité peu importante
Taux d'activités Budget		

Activités Tableaux de bord		
1. Définir des indicateurs selon la méthode Ovar	☐ Activité réalisée ☐ Activité non réalisée	☐ Activité importante ☐ Activité peu importante
2. Définir des indicateurs de coûts	☐ Activité réalisée ☐ Activité non réalisée	☐ Activité importante ☐ Activité peu importante
3. Définir des indicateurs de résultats	☐ Activité réalisée ☐ Activité non réalisée	☐ Activité importante ☐ Activité peu importante
4. Définir des indicateurs de performance	☐ Activité réalisée ☐ Activité non réalisée	☐ Activité importante ☐ Activité peu importante
5. Définir des indicateurs de risque	☐ Activité réalisée ☐ Activité non réalisée	☐ Activité importante ☐ Activité peu importante
6. Mettre en place un *Balanced Scorecard* pour la direction générale	☐ Activité réalisée ☐ Activité non réalisée	☐ Activité importante ☐ Activité peu importante
7. Mettre en place un *Balanced Scorecard* dans toute l'entreprise	☐ Activité réalisée ☐ Activité non réalisée	☐ Activité importante ☐ Activité peu importante
8. Mettre en œuvre un navigateur Skandia	☐ Activité réalisée ☐ Activité non réalisée	☐ Activité importante ☐ Activité peu importante
9. Réaliser un tableau de bord social	☐ Activité réalisée ☐ Activité non réalisée	☐ Activité importante ☐ Activité peu importante

10. Analyser l'utilisation que les managers font des tableaux de bord	☐ Activité réalisée ☐ Activité non réalisée	☐ Activité importante ☐ Activité peu importante
11. Travailler l'ergonomie des tableaux de bord	☐ Activité réalisée ☐ Activité non réalisée	☐ Activité importante ☐ Activité peu importante
12. Mettre en relation les tableaux de bord et les contrats de gestion	☐ Activité réalisée ☐ Activité non réalisée	☐ Activité importante ☐ Activité peu importante

Taux d'activités Tableaux de bord

Activités Évaluation d'entreprise		
1. Calculer l'EBITDA[a]	☐ Activité réalisée ☐ Activité non réalisée	☐ Activité importante ☐ Activité peu importante
2. Calculer l'EVA[b]	☐ Activité réalisée ☐ Activité non réalisée	☐ Activité importante ☐ Activité peu importante
3. Calculer le Good Will	☐ Activité réalisée ☐ Activité non réalisée	☐ Activité importante ☐ Activité peu importante
4. Réaliser un business plan pour l'entreprise ou bien une structure interne ou externe	☐ Activité réalisée ☐ Activité non réalisée	☐ Activité importante ☐ Activité peu importante
5. Déterminer les facteurs clés de succès économique d'un business plan	☐ Activité réalisée ☐ Activité non réalisée	☐ Activité importante ☐ Activité peu importante
6. Réaliser une étude d'opportunité d'un investissement	☐ Activité réalisée ☐ Activité non réalisée	☐ Activité importante ☐ Activité peu importante
7. Évaluer les différentes fonctions supports de l'entreprise	☐ Activité réalisée ☐ Activité non réalisée	☐ Activité importante ☐ Activité peu importante
8. Faire une analyse de la chaîne de valeur d'une entreprise	☐ Activité réalisée ☐ Activité non réalisée	☐ Activité importante ☐ Activité peu importante
9. Faire des analyses de risque et les intégrer comme variables d'évaluation	☐ Activité réalisée ☐ Activité non réalisée	☐ Activité importante ☐ Activité peu importante
10. Faire des analyses de qualité et les intégrer comme variables d'évaluation	☐ Activité réalisée ☐ Activité non réalisée	☐ Activité importante ☐ Activité peu importante

11. Évaluer la culture de gestion des managers en termes financiers et économiques	☐ Activité réalisée ☐ Activité non réalisée	☐ Activité importante ☐ Activité peu importante
12. Faire une analyse sur les résistances et la perception des utilisateurs des productions du contrôle de gestion	☐ Activité réalisée ☐ Activité non réalisée	☐ Activité importante ☐ Activité peu importante
13. Faire des évaluations par des techniques statistiques d'échantillonnage	☐ Activité réalisée ☐ Activité non réalisée	☐ Activité importante ☐ Activité peu importante
14. Coter la dimension sociale de l'entreprise	☐ Activité réalisée ☐ Activité non réalisée	☐ Activité importante ☐ Activité peu importante
Taux d'activités Évaluation d'entreprise		

a. Voir chapitre 1.
b. Ibid.

Activités Veille et *Benchmarking*		
1. Avoir des indicateurs de *benchmarking* intra- entreprise dans les tableaux de bord	☐ Activité réalisée ☐ Activité non réalisée	☐ Activité importante ☐ Activité peu importante
2. Avoir des indicateurs de *benchmarking* interentreprises	☐ Activité réalisée ☐ Activité non réalisée	☐ Activité importante ☐ Activité peu importante
3. Faire des études de *benchmarking* intra- entreprise	☐ Activité réalisée ☐ Activité non réalisée	☐ Activité importante ☐ Activité peu importante
4. Faire des études *benchmarking* interentreprises	☐ Activité réalisée ☐ Activité non réalisée	☐ Activité importante ☐ Activité peu importante
5. Animer des réunions d'amélioration de la performance par le *benchmarking*	☐ Activité réalisée ☐ Activité non réalisée	☐ Activité importante ☐ Activité peu importante
6. Participer à un club de *benchmarking* avec des entreprises extérieures	☐ Activité réalisée ☐ Activité non réalisée	☐ Activité importante ☐ Activité peu importante
7. Déployer un système de veille informationnelle sur le secteur et les principaux acteurs	☐ Activité réalisée ☐ Activité non réalisée	☐ Activité importante ☐ Activité peu importante
8. Formaliser les meilleures pratiques de gestion dans votre entreprise	☐ Activité réalisée ☐ Activité non réalisée	☐ Activité importante ☐ Activité peu importante
Taux d'activités Veille et Benchmarking		

Activités Informatique de gestion

1. Mettre les productions du contrôle de gestion sous un intranet	☐ Activité réalisée ☐ Activité non réalisée	☐ Activité importante ☐ Activité peu importante
2. Créer un *datawarehouse* de gestion	☐ Activité réalisée ☐ Activité non réalisée	☐ Activité importante ☐ Activité peu importante
3. Informatiser un dispositif budgétaire	☐ Activité réalisée ☐ Activité non réalisée	☐ Activité importante ☐ Activité peu importante
4. Faire du contrôle de gestion avec un ERP (*Entreprise Ressources Planning* : Progiciel de gestion intégré)	☐ Activité réalisée ☐ Activité non réalisée	☐ Activité importante ☐ Activité peu importante
5. Analyser les ressources informationnelles d'un SI (système d'information)	☐ Activité réalisée ☐ Activité non réalisée	☐ Activité importante ☐ Activité peu importante
6. Être maîtrise d'ouvrage gestion pour des projets de système d'information	☐ Activité réalisée ☐ Activité non réalisée	☐ Activité importante ☐ Activité peu importante
7. Savoir utiliser des outils de *datamining* et des EIS (Executive Information System : Logiciel d'aide à la décision)	☐ Activité réalisée ☐ Activité non réalisée	☐ Activité importante ☐ Activité peu importante

Taux d'activités Informatique de gestion

Activités Gestion des actifs

1. Calculer l'élasticité au prix des principaux produits	☐ Activité réalisée ☐ Activité non réalisée	☐ Activité importante ☐ Activité peu importante
2. Définir les courbes de demandes dans le temps et par types de clients	☐ Activité réalisée ☐ Activité non réalisée	☐ Activité importante ☐ Activité peu importante
3. Évaluer régulièrement les capacités de production des actifs	☐ Activité réalisée ☐ Activité non réalisée	☐ Activité importante ☐ Activité peu importante
4. Mesurer le niveau d'utilisation de l'actif	☐ Activité réalisée ☐ Activité non réalisée	☐ Activité importante ☐ Activité peu importante

5. Calculer le manque à gagner en cas de sous-utilisation de l'actif	☐ Activité réalisée ☐ Activité non réalisée	☐ Activité importante ☐ Activité peu importante
6. Calculer les algorithmes d'optimisation des actifs dans une logique de *Yield Management*	☐ Activité réalisée ☐ Activité non réalisée	☐ Activité importante ☐ Activité peu importante
7. Sensibiliser les managers à l'optimisation des actifs	☐ Activité réalisée ☐ Activité non réalisée	☐ Activité importante ☐ Activité peu importante
8. Réaliser des simulations économiques par hypothèses et probabilités	☐ Activité réalisée ☐ Activité non réalisée	☐ Activité importante ☐ Activité peu importante
9. Évaluer l'actif immatériel de l'entreprise	☐ Activité réalisée ☐ Activité non réalisée	☐ Activité importante ☐ Activité peu importante
10. Calculer le taux d'utilisation de l'actif immatériel	☐ Activité réalisée ☐ Activité non réalisée	☐ Activité importante ☐ Activité peu importante

Taux d'activités Gestion des actifs

Le taux d'activités

Les différentes activités sont ensuite évaluées au regard des pratiques réelles dans les entreprises pour déterminer par rubrique puis globalement un taux de couverture. Il s'agit de déterminer, sur 85 activités types recensées, le pourcentage de celles réalisées dans l'entreprise.

Une autre évaluation consiste à calculer le taux de couverture contingent qui pondère le premier résultat de trois manières possibles :

▶ Une activité non réalisée mais jugée importante sera affectée d'un coefficient 3. Par exemple, sur une base de 10 activités, le dénominateur du taux de couverture est 10. Si, sur ces 10 activités, il y en a une qui est jugée importante et qui n'est pas réalisée, elle comptera pour 3 au lieu de 1, et le dénominateur sera alors de 12.

〉 Il est possible de donner un coefficient aux activités qui correspondent le mieux aux services de contrôle de gestion analysés. Si le service de contrôle ne réalise aucune activité de veille et de *benchmarking*, le calcul pourra se faire sans tenir compte de cette catégorie.

〉 Il est également possible d'attribuer des coefficients à certaines activités en fonction du nombre de personnes qui les réalisent et du volume d'heures de travail qui leur sont consacrées.

Les taux d'activités des différentes rubriques sont ensuite synthétisés en un seul indicateur qui constitue l'évaluation métier de la fonction contrôle de gestion.

Synthèse des taux d'activités

	Taux d'activités	Taux d'activités contingents
Schémas analytiques	55 %	40 %
Costing	55 %	40 %
Budget	80 %	80 %
Tableaux de bord	60 %	60 %
Évaluations	60 %	30 %
Benchmarking	10 %	0 %
Informatique gestion	50 %	10 %
Gestion des actifs	60 %	40 %
Taux d'activités global	54 %	38 %

Figure 18 : Les différents taux d'activités

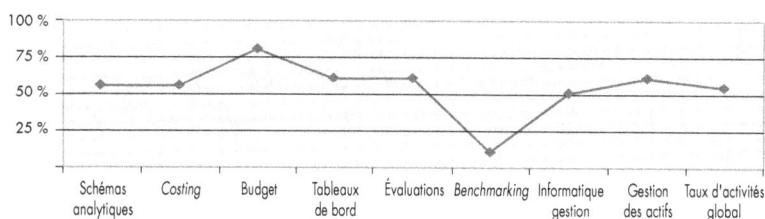

Le taux d'activités permet de positionner la fonction contrôle de gestion sur une échelle de 0 à 100, avec quatre configurations types comme le montre la figure suivante.

Figure 19 : Baromètre du taux d'activités

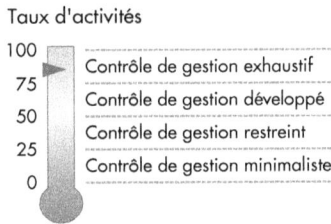

Taux d'activités

100 — Contrôle de gestion exhaustif
75 — Contrôle de gestion développé
50 — Contrôle de gestion restreint
25 — Contrôle de gestion minimaliste
0

La configuration exhaustive présente une situation où la fonction contrôle de gestion réalise entre 80 et 100 % du référentiel d'activités. La fonction est qualifiée d' « innovante » et tend à diffuser une culture de gestion et de pilotage dans l'entreprise.

La configuration développée représente des services contrôle de gestion qui réalisent les activités des pratiques de base et qui ont investi environ 50 % des pratiques évoluées. Il convient de s'interroger sur les activités non réalisées.

La configuration restreinte illustre un fonctionnement orienté essentiellement sur les budgets et les coûts, avec quelques activités traitant des tableaux de bord. Les activités évoluées sont très peu réalisées par manque de ressources ou par absence d'interrogations et de remise en cause des pratiques existantes.

La configuration minimaliste correspond à une fonction contrôle de gestion qui se focalise sur quelques activités. Cela peut s'expliquer par la mission de la fonction et par ses ressources. Il faut néanmoins s'interroger sur les besoins de gestion et le positionnement de la fonction contrôle de gestion. Les activités budgétaires et analytiques sont en général privilégiées dans ce cas de figure.

Synthèse

Le périmètre de la fonction contrôle de gestion peut être défini par 85 activités regroupées en huit catégories représentant les métiers de base et évolutifs de la fonction.

L'analyse de la fonction contrôle de gestion à partir d'un référentiel théorique des activités permet d'obtenir le taux d'activités et de mesurer ainsi l'écart entre le référentiel théorique et ce qui se pratique réellement.

Chapitre 4

L'évaluation des compétences de la fonction contrôle de gestion

- Le référentiel de compétences
- Les questionnaires d'évaluation des compétences
- Le taux de maîtrise

Que doit savoir faire un contrôleur de gestion ? La réponse à cette question tient dans le référentiel d'activités développé dans le chapitre précédent. Un contrôleur de gestion doit savoir faire tout ou partie du référentiel d'activités en fonction des missions de son poste, de son ancienneté et de sa spécialisation. La notion de compétence comprend le savoir technique que le professionnel doit maîtriser pour exercer son métier, mais également des savoirs comportementaux qui lui permettent de gérer au mieux la dimension relationnelle de son activité. À ces deux expériences, nous préconisons des compétences pour un troisième savoir qualifié de « métier » : cela consiste à maîtriser la stratégie et les métiers de l'entreprise.

Les savoirs techniques, comportementaux et métier sont déclinés en cent compétences clés ; le niveau de maîtrise est à traiter en tenant compte du nombre et du statut des contrôleurs de gestion qui constituent l'équipe évaluée. L'exigence sera différente dans une équipe où 80 % des contrôleurs de gestion sont des juniors (débutants), et dans une équipe d'experts seniors (avec une forte expérience). L'évaluation de la maîtrise de ces cent compétences clés permet de diagnostiquer leur niveau de savoir et d'envisager, le cas échéant, des actions de formation et de professionnalisation.

Le référentiel de compétences de la fonction contrôle de gestion

Le référentiel de compétences est constitué de trois types de savoirs : les savoirs techniques, les savoirs comportementaux et les savoirs métier, auxquels on associe des compétences correspondantes.

Figure 20 : Les trois savoirs fonctionnels

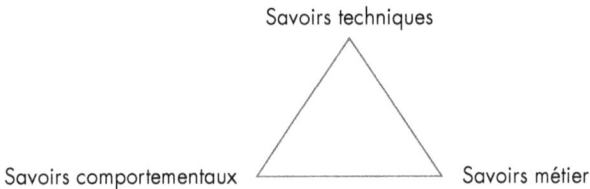

Les compétences techniques

Les compétences techniques sont le degré de maîtrise de la réalisation des activités mentionnées dans le référentiel du même nom au chapitre précédent. Elles correspondent à une connaissance opérationnelle de conception, de réalisation et de déploiement des 85 activités de la fonction.

Les compétences techniques

Catégories d'activités	Schémas de gestion de l'entreprise	Liste des compétences
		1. Définir les structures de l'entreprise
		2. Définir les produits de l'entreprise
		3. Définir toutes les activités de l'entreprise
		4. Définir les processus de l'entreprise
		5. Définir les centres et sections de profits
		6. Définir les centres et sections de coûts
		7. Définir les centres et sections d'investissement
		8. Définir les centres et sections de dépenses projets
		9. Définir les centres et sections auxiliaires
		10. Définir les unités d'œuvre de chaque centre et section
		11. Définir les clés de répartition entre les centres auxiliaires et principaux

		Liste des compétences
Catégories d'activités	Les techniques de calcul des coûts	1. Faire un calcul de coût en *direct costing* simple 2. Faire un calcul de coût en *direct costing* évolué 3. Calculer un seuil de rentabilité 4. Calculer un coût complet par la méthode des sections homogènes 5. Calculer un coût complet par la méthode de l'imputation rationnelle 6. Calculer un coût complet par la méthode ABC 7. Déterminer un prix de vente 8. Faire des analyses de remplacement de postes de charges 9. Faire du *target costing* 10. Faire une mission de *cost killing*
	Les activités budgétaires	1. Mettre en place un dispositif budgétaire 2. Faire un budget des ventes 3. Faire un budget des approvisionnements 4. Faire un budget du personnel 5. Faire un budget d'investissement 6. Faire un budget de fonctionnement 7. Faire un budget de trésorerie 8. Calculer les écarts de rendement 9. Calculer les écarts de prix et de volume 10. Faire une étude BBZ (budget base zéro) 11. Formaliser les contrats de gestion 12. Décliner les contrats de gestion et les budgets dans les différents services de l'entreprise 13. Négocier les contrats de gestion auprès des managers
	Tableaux de bord et outils de pilotage	1. Définir des indicateurs selon la méthode Ovar 2. Définir des indicateurs de coûts 3. Définir des indicateurs de résultats 4. Définir des indicateurs de performance 5. Définir des indicateurs de risque 6. Mettre en place un *Balanced Scorecard* au niveau direction générale 7. Mettre en place un *Balanced Scorecard* dans toute l'entreprise 8. Mettre en œuvre un navigateur Skandia 9. Réaliser un tableau de bord social 10. Analyser l'utilisation que les managers font des tableaux de bord 11. Travailler l'ergonomie des tableaux de bord 12. Mettre en relation les tableaux de bord et les contrats de gestion

Catégories d'activités		
	Évaluation des entreprises	1. Calculer l'EBITDA[a] 2. Calculer l'EVA[b] 3. Calculer le *Good Will* 4. Réaliser un business plan pour l'entreprise ou bien une structure interne ou externe 5. Déterminer les facteurs clés de succès économique d'un business plan 6. Réaliser une étude d'opportunité d'un investissement 7. Évaluer les différentes fonctions supports de l'entreprise 8. Faire une analyse de la chaîne de valeur d'une entreprise 9. Faire des analyses de risque et les intégrer comme variables d'évaluation 10. Faire des analyses de qualité et les intégrer comme variables d'évaluation 11. Évaluer la culture de gestion des managers en termes financiers et économiques 12. Faire une analyse sur les résistances et la perception des utilisateurs des productions du contrôle de gestion 13. Faire des évaluations par des techniques statistiques d'échantillonnage 14. Coter la dimension sociale d'une entreprise
	Veille et *benchmarking*	1. Avoir des indicateurs de *benchmarking* intra-entreprise dans les tableaux de bord 2. Avoir des indicateurs de *benchmarking* interentreprises 3. Faire des études de *benchmarking* intra-entreprise 4. Faire des études *benchmarking* interentreprises 5. Animer des réunions d'amélioration de la performance par le *benchmarking* 6. Participer à un club de *benchmarking* avec des entreprises extérieures 7. Déployer un système de veille informationnelle sur le secteur et les principaux acteurs 8. Formaliser les meilleures pratiques de gestion dans votre entreprise
	Informatique de gestion	1. Mettre les productions du contrôle de gestion sous un intranet 2. Créer un *datawarehouse* de gestion 3. Informatiser un dispositif budgétaire 4. Faire du contrôle de gestion avec un ERP (*Entreprise Ressources Planning* : Progiciel de gestion intégré) 5. Analyser les ressources informationnelles d'un SI (système d'information) 6. Être maîtrise d'ouvrage gestion pour des projets de système d'information 7. Savoir utiliser des outils de *datamining* et des EIS (*Executive Information System* : Système d'aide à la décision)

		Liste des compétences
Catégories d'activités	**Gestion des actifs**	1. Calculer l'élasticité au prix des principaux produits 2. Définir les courbes de demandes dans le temps et par types de clients 3. Évaluer régulièrement les capacités de production des actifs 4. Mesurer le niveau d'utilisation de l'actif 5. Calculer le manque à gagner en cas de sous-utilisation de l'actif 6. Calculer les algorithmes d'optimisation des actifs dans une logique de *Yield Management* 7. Sensibiliser les managers à l'optimisation des actifs 8. Réaliser des simulations économiques par hypothèses et probabilités 9. Évaluer l'actif immatériel de l'entreprise 10. Calculer le taux d'utilisation de l'actif immatériel

a. Voir chapitre 1.
b. *Ibid.*

Les compétences comportementales

« Science sans conscience n'est que ruine de l'âme » disait Rabelais. Les savoirs techniques nécessitent des compétences comportementales pour être pleinement diffusés, compris et acceptés par les acteurs dans l'entreprise. Dans la trilogie savoir, savoir-faire et savoir-être, ils correspondent à la dernière catégorie. Trop longtemps, le contrôleur de gestion est resté derrière son bureau sans être dans une logique de négociation et de pédagogie de ses outils et analyses.

Les tendances actuelles insistent sur la dimension relationnelle mais aussi sur la capacité du contrôleur de gestion à opérer dans un environnement complexe et contraint, avec un souci de résolution des problèmes.

Son rôle de contrôleur doit être complété par celui de Business analyste, celui qui aide les managers à se construire des outils de gestion pour le pilotage de leur activité. Le contrôleur de gestion est « encastré » dans la vie sociale de l'entreprise et la qualité de son travail dépend tout aussi bien de sa technicité que de sa capacité d'intégration sociale. Au nombre de 7, ces compétences comportementales se définissent de la manière suivante.

Les compétences comportementales

Compétences	Définitions
Rigueur dans le travail	Un chiffre avancé par un contrôleur de gestion doit toujours pouvoir être expliqué et justifié. Avec une rigueur comptable, toutes les sources d'information et les calculs doivent être vérifiés. Les productions du contrôle de gestion sont classées de manière ordonnée pour pouvoir être réutilisées à tout moment.
Négociation avec les parties prenantes	Le contrôleur de gestion aura à sa charge la négociation d'actes de gestion comme les budgets et les contrats de gestion avec les différents centres d'analyses de l'entreprise (services, départements). Il devra être en mesure de définir le mode de négociation adéquat, le référentiel de ses interlocuteurs, son objectif et les marges de manœuvre dont il dispose pour une contractualisation qui satisfasse les parties prenantes.
Compréhension des attentes	Pour bien faire accepter ses productions par ses clients, le contrôleur de gestion doit être en mesure de définir les attentes de ces derniers. Il s'agit des attentes de gestion (les besoins en information et outils de gestion), mais aussi des attentes relationnelles.
Communiquer avec les parties prenantes	Le contrôleur de gestion n'est pas un pourvoyeur d'informations de gestion, mais un communiquant qui leur donne de l'importance et cherche à sensibiliser les différents salariés. Dans une logique interprétative, il construit les dispositifs de communication qui permettront la meilleure diffusion et compréhension des informations de gestion dans l'entreprise.
Animation d'équipes	Le contrôleur de gestion est au sein d'une équipe, mais il travaille très souvent en étroite collaboration avec les dirigeants, les managers, les comptables et les personnes du système d'information. Il est « encastré » dans de nombreux réseaux qui le font travailler en équipe. Il est alternativement membre et animateur d'équipes et doit donc maîtriser les compétences relationnelles et organisationnelles de ce fonctionnement.
Capacité de formalisation et de synthèse	Les clients du contrôle de gestion attendent essentiellement des synthèses explicites pour prendre des décisions. Toutes les productions du contrôle de gestion doivent être formalisées en vue d'une prise de décision à trois niveaux : synthèse (les messages forts), développement (argumentaire des messages forts) et sources (justifications, calculs et informations sources du développement).
Organisation du travail	Pour répondre le plus rapidement aux demandes émergentes et produire l'activité récurrente, le contrôleur de gestion doit avoir une bonne maîtrise de son temps de travail et de l'organisation de ses activités.

Les compétences « métier de l'entreprise »

Une des faiblesses rencontrées chez les jeunes diplômés réside dans le fait qu'ils connaissent beaucoup de techniques, mais qu'ils ne savent pas les adapter au terrain. Ils cherchent à réutiliser ce qu'ils ont appris dans une logique de « placage » plutôt que de « customisation ».

Pour donner une bonne connaissance de l'entreprise et de ses métiers, certaines entreprises mettent leurs contrôleurs de gestion en immersion opérationnelle pendant trois à six mois, période pendant laquelle ils occupent en binôme différents postes opérationnels. Ce parcours d'initiation a pour objectif de mettre les futurs contrôleurs de gestion en situation de pleine compréhension de l'entreprise : ils doivent percevoir toute la complexité et la richesse de l'activité opérationnelle qu'ils traiteront *via* des chiffres abstraits dans le cadre de leur métier. Pour appréhender cette dimension métier par laquelle le contrôleur de gestion se dote des éléments de langage de l'entreprise, nous proposons huit compétences clés.

Les compétences du métier de l'entreprise

Compétences prospectives	Définitions
Connaissance de la stratégie de l'entreprise	Connaissance de la stratégie à court, moyen et long terme de l'entreprise et de sa déclinaison sur les différents domaines d'action stratégique
Connaissance des métiers de l'entreprise	Historiquement et actuellement, quels sont les métiers de l'entreprise avec leur périmètre, leurs compétences et leurs leaders ?
Connaissance de l'histoire de l'entreprise	Quels sont les grands mythes fondateurs de l'entreprise ?
Connaissance du secteur	Une entreprise réalise son activité dans un secteur économique qu'il est important de maîtriser en termes de chiffres d'affaires, des principaux concurrents, d'évolutions, etc.
Connaissance de la culture et du système de valeurs de l'entreprise	Quelles sont les croyances implicites véhiculées dans les interactions quotidiennes qui conditionnent l'intégration d'une personne au groupe ?

Compétences prospectives	Définitions
Connaissance du business modèle de l'entreprise	Quel est l'avantage concurrentiel de l'entreprise ainsi que les grands postes de coûts et de produits ?
Connaissance des partenaires de l'entreprise	Quels sont les principaux partenaires de l'entreprise au sein des fournisseurs, clients et entreprises du même secteur ?
Connaissance des grands projets de l'entreprise	Quels sont les grands projets de l'entreprise aux plans informatique, organisationnel, technique, commercial ?

Les questionnaires d'évaluation des compétences

Pour chacune des compétences, les contrôleurs de gestion doivent mentionner leur état de connaissances et de maîtrise en cochant une des quatre cases suivantes. Ils obtiennent ainsi un nombre de points qui permet de calculer un taux de maîtrise par catégories d'activités et en global. Les réponses possibles sont différentes en fonction du type de compétences, mais leur valeur est identique avec quatre niveaux d'évaluation, comme le montre le tableau suivant.

Notation des différents types de compétences

Compétences techniques	Compétences comportementales	Compétences métier	Points
☐ Je maîtrise	☐ Je maîtrise	☐ Je connais et je l'utilise	4
☐ Je pratique	☐ Ça peut aller	☐ Je connais mais je n'en tiens pas compte systématiquement	3
☐ Je connais	☐ J'ai des difficultés	☐ Je connais un peu	2
☐ Je ne connais pas	☐ Je n'y arrive pas	☐ Je ne connais pas	1

Le taux de maîtrise est calculé de la manière suivante : la somme des points aux différentes affirmations est divisée par le nombre d'affirmations et multipliée par 100 pour un affichage en pourcentage. Sur 100 compétences, le score maximum sera de 400 points et le score minimum sera de 100 points.

Questionnaire de compétences

Compétences techniques

Activités Schémas analytiques

Activité		
1. Définir les structures de l'entreprise	☐ Je maîtrise ☐ Je connais	☐ Je pratique ☐ Je ne connais pas
2. Définir les produits de l'entreprise	☐ Je maîtrise ☐ Je connais	☐ Je pratique ☐ Je ne connais pas
3. Définir toutes les activités de l'entreprise	☐ Je maîtrise ☐ Je connais	☐ Je pratique ☐ Je ne connais pas
4. Définir les processus de l'entreprise	☐ Je maîtrise ☐ Je connais	☐ Je pratique ☐ Je ne connais pas
5. Définir les centres et sections de profits	☐ Je maîtrise ☐ Je connais	☐ Je pratique ☐ Je ne connais pas
6. Définir les centres et sections de coûts	☐ Je maîtrise ☐ Je connais	☐ Je pratique ☐ Je ne connais pas
7. Définir les centres et sections d'investissement	☐ Je maîtrise ☐ Je connais	☐ Je pratique ☐ Je ne connais pas
8. Définir les centres et sections de dépenses projets	☐ Je maîtrise ☐ Je connais	☐ Je pratique ☐ Je ne connais pas
9. Définir les centres et sections auxiliaires	☐ Je maîtrise ☐ Je connais	☐ Je pratique ☐ Je ne connais pas
10. Définir les unités d'œuvre de chaque centre et section	☐ Je maîtrise ☐ Je connais	☐ Je pratique ☐ Je ne connais pas
11. Définir les clés de répartition entre les centres auxiliaires et principaux	☐ Je maîtrise ☐ Je connais	☐ Je pratique ☐ Je ne connais pas
Taux de maîtrise Schémas analytiques		

Activités Costing

1. Faire un calcul de coût en *direct costing* simple	☐ Je maîtrise ☐ Je connais	☐ Je pratique ☐ Je ne connais pas
2. Faire un calcul de coût en *direct costing* évolué	☐ Je maîtrise ☐ Je connais	☐ Je pratique ☐ Je ne connais pas
3. Calculer un seuil de rentabilité	☐ Je maîtrise ☐ Je connais	☐ Je pratique ☐ Je ne connais pas
4. Calculer un coût complet par la méthode des sections homogènes	☐ Je maîtrise ☐ Je connais	☐ Je pratique ☐ Je ne connais pas

5. Calculer un coût complet par la méthode de l'imputation rationnelle	☐ Je maîtrise ☐ Je pratique ☐ Je connais ☐ Je ne connais pas
6. Calculer un coût complet par la méthode ABC	☐ Je maîtrise ☐ Je pratique ☐ Je connais ☐ Je ne connais pas
7. Déterminer un prix de vente	☐ Je maîtrise ☐ Je pratique ☐ Je connais ☐ Je ne connais pas
8. Faire des analyses de remplacement de postes de charges	☐ Je maîtrise ☐ Je pratique ☐ Je connais ☐ Je ne connais pas
9. Faire du *target costing*	☐ Je maîtrise ☐ Je pratique ☐ Je connais ☐ Je ne connais pas
10. Faire une mission de *cost killing*	☐ Je maîtrise ☐ Je pratique ☐ Je connais ☐ Je ne connais pas
Taux de maîtrise Activités Costing	

Activités budgétaires	
1. Mettre en place un dispositif budgétaire	☐ Je maîtrise ☐ Je pratique ☐ Je connais ☐ Je ne connais pas
2. Faire un budget des ventes	☐ Je maîtrise ☐ Je pratique ☐ Je connais ☐ Je ne connais pas
3. Faire un budget des approvisionnements	☐ Je maîtrise ☐ Je pratique ☐ Je connais ☐ Je ne connais pas
4. Faire un budget du personnel	☐ Je maîtrise ☐ Je pratique ☐ Je connais ☐ Je ne connais pas
5. Faire un budget d'investissement	☐ Je maîtrise ☐ Je pratique ☐ Je connais ☐ Je ne connais pas
6. Faire un budget de fonctionnement	☐ Je maîtrise ☐ Je pratique ☐ Je connais ☐ Je ne connais pas
7. Faire un budget de trésorerie	☐ Je maîtrise ☐ Je pratique ☐ Je connais ☐ Je ne connais pas
8. Calculer les écarts de rendement	☐ Je maîtrise ☐ Je pratique ☐ Je connais ☐ Je ne connais pas
9. Calculer les écarts de prix et de volume	☐ Je maîtrise ☐ Je pratique ☐ Je connais ☐ Je ne connais pas
10. Faire une étude BBZ (budget base zéro)	☐ Je maîtrise ☐ Je pratique ☐ Je connais ☐ Je ne connais pas
11. Formaliser des contrats de gestion en termes de résultats	☐ Je maîtrise ☐ Je pratique ☐ Je connais ☐ Je ne connais pas

12. Décliner les contrats de gestion et les budgets auprès des différents services de l'entreprise	☐ Je maîtrise ☐ Je connais	☐ Je pratique ☐ Je ne connais pas
13. Négocier les contrats de gestion auprès des managers	☐ Je maîtrise ☐ Je connais	☐ Je pratique ☐ Je ne connais pas
Taux de maîtrise Activités budgétaires		

Activités Tableaux de bord

1. Définir des indicateurs selon la méthode Ovar	☐ Je maîtrise ☐ Je connais	☐ Je pratique ☐ Je ne connais pas
2. Définir des indicateurs de coûts	☐ Je maîtrise ☐ Je connais	☐ Je pratique ☐ Je ne connais pas
3. Définir des indicateurs de résultats	☐ Je maîtrise ☐ Je connais	☐ Je pratique ☐ Je ne connais pas
4. Définir des indicateurs de performance	☐ Je maîtrise ☐ Je connais	☐ Je pratique ☐ Je ne connais pas
5. Définir des indicateurs de risque	☐ Je maîtrise ☐ Je connais	☐ Je pratique ☐ Je ne connais pas
6. Mettre en place un *Balanced Scorecard* au niveau direction générale	☐ Je maîtrise ☐ Je connais	☐ Je pratique ☐ Je ne connais pas
7. Mettre en place un *Balanced Scorecard* dans toute l'entreprise	☐ Je maîtrise ☐ Je connais	☐ Je pratique ☐ Je ne connais pas
8. Mettre en œuvre un navigateur Skandia	☐ Je maîtrise ☐ Je connais	☐ Je pratique ☐ Je ne connais pas
9. Réaliser un tableau de bord social	☐ Je maîtrise ☐ Je connais	☐ Je pratique ☐ Je ne connais pas
10. Analyser l'utilisation que les managers font des tableaux de bord	☐ Je maîtrise ☐ Je connais	☐ Je pratique ☐ Je ne connais pas
11. Travailler l'ergonomie des tableaux de bord	☐ Je maîtrise ☐ Je connais	☐ Je pratique ☐ Je ne connais pas
12. Mettre en relation les tableaux de bord et les contrats de gestion	☐ Je maîtrise ☐ Je connais	☐ Je pratique ☐ Je ne connais pas
Taux de maîtrise Activités Tableaux de bord		

Activités Évaluation de l'entreprise		
1. Calculer l'EBITDA[a]	☐ Je maîtrise ☐ Je connais	☐ Je pratique ☐ Je ne connais pas
2. Calculer l'EVA[b]	☐ Je maîtrise ☐ Je connais	☐ Je pratique ☐ Je ne connais pas
3. Calculer le Good Will	☐ Je maîtrise ☐ Je connais	☐ Je pratique ☐ Je ne connais pas
4. Réaliser un business plan pour l'entreprise ou bien une structure interne ou externe	☐ Je maîtrise ☐ Je connais	☐ Je pratique ☐ Je ne connais pas
5. Déterminer les facteurs clés de succès économique d'un business plan	☐ Je maîtrise ☐ Je connais	☐ Je pratique ☐ Je ne connais pas
6. Réaliser une étude d'opportunité d'un investissement	☐ Je maîtrise ☐ Je connais	☐ Je pratique ☐ Je ne connais pas
7. Évaluer les différentes fonctions supports de l'entreprise	☐ Je maîtrise ☐ Je connais	☐ Je pratique ☐ Je ne connais pas
8. Faire une analyse de la chaîne de valeurs d'une entreprise	☐ Je maîtrise ☐ Je connais	☐ Je pratique ☐ Je ne connais pas
9. Faire des analyses de risque et les intégrer comme variables d'évaluation	☐ Je maîtrise ☐ Je connais	☐ Je pratique ☐ Je ne connais pas
10. Faire des analyses de qualité et les intégrer comme variables d'évaluation	☐ Je maîtrise ☐ Je connais	☐ Je pratique ☐ Je ne connais pas
11. Évaluer la culture de gestion des managers en termes financiers et économiques	☐ Je maîtrise ☐ Je connais	☐ Je pratique ☐ Je ne connais pas
12. Faire une analyse sur les résistances et la perception des utilisateurs des productions du contrôle de gestion	☐ Je maîtrise ☐ Je connais	☐ Je pratique ☐ Je ne connais pas
13. Faire des évaluations par des techniques statistiques d'échantillonnage	☐ Je maîtrise ☐ Je connais	☐ Je pratique ☐ Je ne connais pas
14. Cotation sociale	☐ Je maîtrise ☐ Je connais	☐ Je pratique ☐ Je ne connais pas
Taux de maîtrise Activités Évaluation de l'entreprise		

a. Voir chapitre 1.
b. Ibid.

Activités Veille et benchmarking

1. Avoir des indicateurs de *benchmarking* intra-entreprise dans les tableaux de bord — ☐ Je maîtrise ☐ Je pratique ☐ Je connais ☐ Je ne connais pas

2. Avoir des indicateurs de *benchmarking* interentreprises — ☐ Je maîtrise ☐ Je pratique ☐ Je connais ☐ Je ne connais pas

3. Faire des études de *benchmarking* intra-entreprise — ☐ Je maîtrise ☐ Je pratique ☐ Je connais ☐ Je ne connais pas

4. Faire des études *benchmarking* interentreprises — ☐ Je maîtrise ☐ Je pratique ☐ Je connais ☐ Je ne connais pas

5. Animer des réunions d'amélioration de la performance par le *benchmarking* — ☐ Je maîtrise ☐ Je pratique ☐ Je connais ☐ Je ne connais pas

6. Participer à un club de *benchmarking* avec des entreprises extérieures — ☐ Je maîtrise ☐ Je pratique ☐ Je connais ☐ Je ne connais pas

7. Déployer un système de veille informationnelle sur le secteur et les principaux acteurs — ☐ Je maîtrise ☐ Je pratique ☐ Je connais ☐ Je ne connais pas

8. Formaliser les meilleures pratiques de gestion dans votre entreprise — ☐ Je maîtrise ☐ Je pratique ☐ Je connais ☐ Je ne connais pas

Taux de maîtrise Activités Veille et benchmarking

Activités Informatique de gestion

1. Mettre les productions du contrôle de gestion sous un intranet — ☐ Je maîtrise ☐ Je pratique ☐ Je connais ☐ Je ne connais pas

2. Créer un *datawarehouse* de gestion — ☐ Je maîtrise ☐ Je pratique ☐ Je connais ☐ Je ne connais pas

3. Informatiser un dispositif budgétaire — ☐ Je maîtrise ☐ Je pratique ☐ Je connais ☐ Je ne connais pas

4. Faire du contrôle de gestion avec un ERP (*Entreprise Ressources Planning* : Progiciel de gestion intégré) — ☐ Je maîtrise ☐ Je pratique ☐ Je connais ☐ Je ne connais pas

5. Analyser les ressources informationnelles d'un SI (système d'information) — ☐ Je maîtrise ☐ Je pratique ☐ Je connais ☐ Je ne connais pas

6. Être maîtrise d'ouvrage gestion pour des projets de système d'information — ☐ Je maîtrise ☐ Je pratique ☐ Je connais ☐ Je ne connais pas

7. Savoir utiliser des outils de *datamining* et des EIS (*Executive Information System* : Système d'aide à la décision) — ☐ Je maîtrise ☐ Je pratique ☐ Je connais ☐ Je ne connais pas

Taux de maîtrise Activités Informatique de gestion

Activités **Gestion des actifs**		
1. Calculer l'élasticité au prix des principaux produits	☐ Je maîtrise ☐ Je connais	☐ Je pratique ☐ Je ne connais pas
2. Définir les courbes de demandes dans le temps et par types de clients	☐ Je maîtrise ☐ Je connais	☐ Je pratique ☐ Je ne connais pas
3. Évaluer régulièrement les capacités de production des actifs	☐ Je maîtrise ☐ Je connais	☐ Je pratique ☐ Je ne connais pas
4. Mesurer le niveau d'utilisation de l'actif	☐ Je maîtrise ☐ Je connais	☐ Je pratique ☐ Je ne connais pas
5. Calculer le manque à gagner en cas de sous-utilisation de l'actif	☐ Je maîtrise ☐ Je connais	☐ Je pratique ☐ Je ne connais pas
6. Calculer les algorithmes d'optimisation des actifs dans une logique de *Yield Management*	☐ Je maîtrise ☐ Je connais	☐ Je pratique ☐ Je ne connais pas
7. Sensibiliser les managers à l'optimisation des actifs	☐ Je maîtrise ☐ Je connais	☐ Je pratique ☐ Je ne connais pas
8. Réaliser des simulations économiques par hypothèses et probabilités	☐ Je maîtrise ☐ Je connais	☐ Je pratique ☐ Je ne connais pas
9. Évaluer l'actif immatériel de l'entreprise	☐ Je maîtrise ☐ Je connais	☐ Je pratique ☐ Je ne connais pas
10. Calculer le taux d'utilisation de l'actif immatériel de l'entreprise	☐ Je maîtrise ☐ Je connais	☐ Je pratique ☐ Je ne connais pas
Taux de maîtrise Activités Gestion des actifs		
Taux de maîtrise des compétences techniques		

Compétences comportementales	
1. Rigueur dans le travail	☐ Je maîtrise ☐ Ça peut aller ☐ J'ai des difficultés ☐ Je n'y arrive pas
2. Négociation avec les parties prenantes	☐ Je maîtrise ☐ Ça peut aller ☐ J'ai des difficultés ☐ Je n'y arrive pas
3. Compréhension des attentes	☐ Je maîtrise ☐ Ça peut aller ☐ J'ai des difficultés ☐ Je n'y arrive pas

4. Communication avec les parties prenantes	☐ Je maîtrise ☐ Ça peut aller ☐ J'ai des difficultés ☐ Je n'y arrive pas
5. Animation d'équipes	☐ Je maîtrise ☐ Ça peut aller ☐ J'ai des difficultés ☐ Je n'y arrive pas
6. Capacité de formalisation et de synthèse	☐ Je maîtrise ☐ Ça peut aller ☐ J'ai des difficultés ☐ Je n'y arrive pas
7. Organisation du travail	☐ Je maîtrise ☐ Ça peut aller ☐ J'ai des difficultés ☐ Je n'y arrive pas
Taux de maîtrise des compétences comportementales	

Compétences métier	
1. Connaissance de la stratégie de l'entreprise	☐ Je connais et je l'utilise ☐ Je connais mais n'en tiens pas compte systématiquement ☐ Je connais un peu ☐ Je ne connais pas
2. Connaissance des métiers de l'entreprise	☐ Je connais et je l'utilise ☐ Je connais mais n'en tiens pas compte systématiquement ☐ Je connais un peu ☐ Je ne connais pas
3. Connaissance de l'histoire de l'entreprise	☐ Je connais et je l'utilise ☐ Je connais mais n'en tiens pas compte systématiquement ☐ Je connais un peu ☐ Je ne connais pas
4. Connaissance du secteur	☐ Je connais et je l'utilise ☐ Je connais mais n'en tiens pas compte systématiquement ☐ Je connais un peu ☐ Je ne connais pas

5. Connaissance de la culture et du système de valeurs de l'entreprise	☐ Je connais et je l'utilise ☐ Je connais mais n'en tiens pas compte systématiquement ☐ Je connais un peu ☐ Je ne connais pas
6. Connaissance du business modèle de l'entreprise	☐ Je connais et je l'utilise ☐ Je connais mais n'en tiens pas compte systématiquement ☐ Je connais un peu ☐ Je ne connais pas
7. Connaissance des projets de l'entreprise	☐ Je connais et je l'utilise ☐ Je connais mais n'en tiens pas compte systématiquement ☐ Je connais un peu ☐ Je ne connais pas
8. Connaissance des partenaires de l'entreprise	☐ Je connais et je l'utilise ☐ Je connais mais n'en tiens pas compte systématiquement ☐ Je connais un peu ☐ Je ne connais pas
Taux de maîtrise des compétences métier	
Taux de maîtrise des compétences global	

Ce questionnaire permet d'obtenir 11 taux de maîtrise dont le taux de maîtrise des compétences est la synthèse. Le taux de maîtrise des compétences techniques est la moyenne des taux de maîtrise des huit catégories. Les items des savoirs métier peuvent être modulés en fonction de leur importance au regard de la culture d'entreprise, mais également de la structure et de l'expérience de l'équipe de contrôle de gestion.

Il est possible de pondérer les moyennes des taux en affectant un coefficient sur les compétences qui sont les plus importantes pour les besoins de l'entreprise. Il est également possible d'appliquer un coefficient en fonction du type de contrôleur de gestion qui répond : pour les juniors et débutants, certaines activités peuvent être retirées du calcul ou avoir un type de coefficient différent.

Le taux de maîtrise comme évaluation des compétences

Le taux de maîtrise global

Les taux de maîtrise des compétences obtenus pour les trois types de compétences font ensuite l'objet d'une moyenne pour avoir un taux de maîtrise global.

Synthèse des taux de maîtrise

Catégories de compétences	Taux de maîtrise
Schémas analytiques	57%
Costing	75%
Budget	79%
Tableaux de bord	58%
Évaluations	75%
Benchmarking	25%
Informatique gestion	21%
Gestion des actifs	38%
Compétences techniques	56%
Compétences comportementales	43%
Compétences métier	31%
Taux de maîtrise global	54%

Figure 21 : L'architecture des différents taux de maîtrise

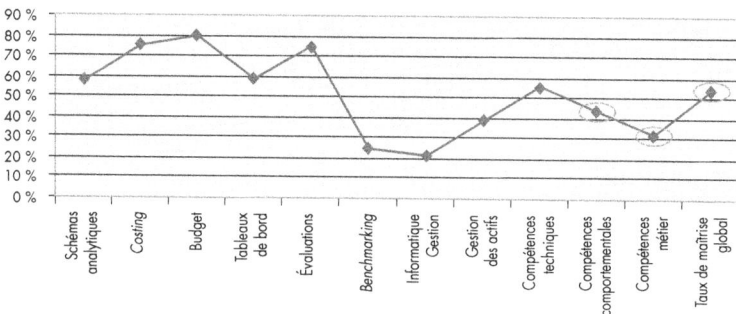

Ces résultats sont à analyser de manière globale et en tenant compte des types de contrôleurs de gestion qui constituent l'équipe. Pour des contrôleurs de gestion juniors, nous pouvons attendre une évaluation entre 40 et 60 %. Pour des contrôleurs de gestion seniors expérimentés, ce taux doit être au minimum de 75 %. De même, certaines compétences pourront être jugées comme non appropriées au contexte et aux besoins de l'entreprise. Celles-ci pourront être retirées de l'étude ou bien être pondérées en fonction de leur importance.

Le taux de maîtrise par catégories de compétences

Les représentations graphiques suivantes permettent de discerner les forces et les faiblesses des différentes catégories de compétences et d'orienter ainsi les actions de formation et de professionnalisation pour corriger les dérives. Le premier graphique est un radar avec les trois taux de maîtrise principaux. Le second illustre les taux de maîtrise des huit catégories techniques.

Figure 22 : Analyse des taux de maîtrise

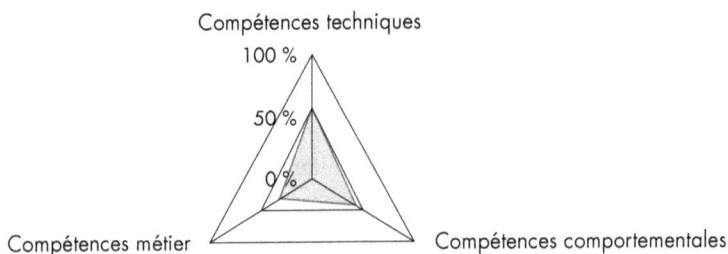

Compétences techniques
100 %
50 %
0 %
Compétences métier   Compétences comportementales

Figure 23 : Taux de maîtrise des compétences techniques

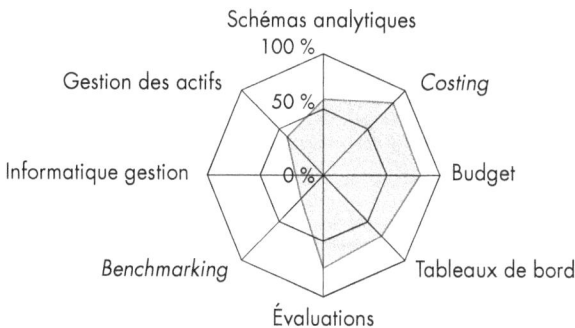

Schémas analytiques

Gestion des actifs   Costing

Informatique gestion   Budget

Benchmarking   Tableaux de bord

Évaluations

Le taux de maîtrise par niveaux de compétences

Le taux de maîtrise global permet de positionner le niveau de compétences de la fonction contrôle de gestion sur une échelle de 0 à 100 avec quatre configurations types, comme le montre la figure suivante sous la forme d'un baromètre.

Figure 24 : Baromètre du taux de maîtrise

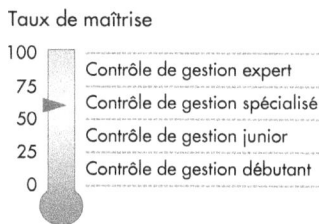

Taux de maîtrise

100	Contrôle de gestion expert
75	Contrôle de gestion spécialisé
50	Contrôle de gestion junior
25	Contrôle de gestion débutant
0	

Contrôle de gestion expert : le taux de maîtrise est en moyenne de 75 %, faisant état d'une maîtrise très élevée dans l'ensemble des compétences évaluées. Cela peut résulter d'une maîtrise sur tous les domaines ou bien de scores très élevés dans certains, notamment dans le domaine technique qui pondère à hauteur de 85 % le taux global de manière standard, même s'il est possible de pondérer la répartition entre les trois types de compétences. Les personnes évaluées peuvent être considérées comme des experts de la fonction, avec une expertise qui se matérialise sur quelques points et une très bonne connaissance de tous les autres. Les voies du progrès résident dans l'acquisition de savoirs et de connaissances sur les compétences les plus faibles.

Contrôle de gestion spécialisé : le taux de maîtrise est compris entre 50 et 75 %. Il est au-dessus de la moyenne, faisant ainsi état d'un niveau de compétences acceptable qui couvre les besoins de gestion ordinaires de l'entreprise. Ce taux est principalement dû (selon les tests du modèle qui ont été réalisés sur différents services de contrôle de gestion) aux compétences d'expertise dans certains domaines techniques et à l'absence totale de savoir et d'expérience pour d'autres compétences, notamment comportementales et métier. C'est un contrôle de gestion qui fait bien ce qu'on lui demande, mais qui ne fera pas de propositions d'évolution. On le caractérise de contrôle de gestion « légitimiste », par opposition au précédent que l'on qualifie d' « innovant ».

Contrôle de gestion junior : le taux de maîtrise des compétences est en dessous de la moyenne avec des scores oscillant entre 25 et 50 %. Les notes obtenues pour chaque compétence sont généralement moyennes, avec des scores plus élevés pour les compétences techniques et des notes très faibles pour les compétences comportementales et métier. Cette configuration est qualifiée de « junior » pour stigmatiser un niveau moyen faible avec un bon potentiel de progression. Les faiblesses sont dues au manque d'expérience de l'équipe plutôt qu'aux manques structurels. Si cette configuration correspond aux besoins de l'entreprise, l'effet temps jouera nécessairement sur l'expérience. Dans le cas contraire, il faudra envisager l'embauche de contrôleurs de gestion seniors ou des formations express sur les points qui intéressent l'entreprise.

Contrôle de gestion débutant : cette dernière configuration est la plus alarmante pour une entreprise. Le taux de maîtrise des compétences se situe entre 0 et 25 %. Cette situation peut s'expliquer par le fait d'avoir pris un contrôleur de gestion sans expérience dans une fonction nouvellement créée. Acceptable au début, cette situation ne peut perdurer, au risque d'avoir un contrôle de gestion incompétent et ne répondant pas aux besoins de l'entreprise. Le niveau de maîtrise est très faible sur l'ensemble des compétences, et certaines font même l'objet d'une méconnaissance totale, ne permettant pas aux contrôleurs de gestion de prendre conscience de l'importance de celles-ci et des opportunités qu'elles pourraient fournir pour l'entreprise. Dans un tel cas de figure, il faut très vite prendre des mesures de correction en professionnalisant, en revoyant les missions de la fonction ou en changeant de personnes.

Synthèse

L'évaluation des compétences de la fonction contrôle de gestion se fait par le calcul d'un taux de maîtrise des compétences qui reflète les connaissances des contrôleurs de gestion en termes de compétences techniques, comportementales et métier. L'évaluation globale qui en résulte permet de mesurer ce taux de maîtrise, d'envisager des actions de formation, de diagnostiquer la fonction en lui attribuant une configuration compétences et d'alimenter le deuxième axe de l'évaluation globale.

Chapitre 5

L'évaluation des ressources et de l'organisation de la fonction contrôle de gestion

▨ Le référentiel structurel de la fonction contrôle de gestion
▨ Le questionnaire d'évaluation de la structure
de la fonction contrôle de gestion
▨ Le taux de support structurel

Après avoir évalué les prestations et les compétences, nous nous intéressons désormais à l'évaluation de l'organisation du service contrôle de gestion. La notion d'organisation est polysémique : elle désigne aussi bien l'organigramme de la fonction, son style de management, l'ensemble des ressources (humaines et matérielles) que les modes de fonctionnement.

La notion de structure désigne l'ensemble des moyens formels et informels qui constituent les ressources de l'action. La question qui se pose en terme d'évaluation à propos de la structure est double : quel est le dimensionnement de cette structure ? Est-ce que ce dimensionnement est en adéquation avec le niveau d'activité ?

Une des questions émises par les dirigeants d'entreprise à l'égard d'une fonction support concerne son dimensionnement et le coût qui lui est associé : le service contrôle de gestion est-il peu ou sous-dimensionné, et dans quelles proportions ? Le coût de la structure est la première préoccupation d'un dirigeant qui s'interroge sur le retour sur investissement et la performance d'un service tel que le contrôle de gestion. Dans ce chapitre, nous avançons quelques ratios de dimensionnement des services contrôle de gestion, résultat de l'observation dans de nombreuses entreprises.

Évaluation des variables structurelles de la fonction contrôle de gestion

Le référentiel structurel de la fonction contrôle de gestion est composé des éléments suivants qui constituent les ressources de la fonction :

- le positionnement de la fonction dans l'organigramme ;
- le fonctionnement interne ;
- les ressources de la fonction ;

L'appréciation de ces variables permet de les quantifier et de s'interroger sur leur niveau de performance, conditions *sine qua non* pour déterminer un taux de support structurel.

Le positionnement de la fonction

Directions administrative, financière ou générale

Une structure se voit tout d'abord dans un organigramme avec un responsable et un rattachement hiérarchique. Les fonctions contrôle de gestion sont généralement rattachées à la direction administrative et financière, et constituent un département de cette entité. Les développements dans le chapitre 2 sur le positionnement de la fonction contrôle de gestion montrent que celle-ci peut également être rattachée à la direction générale ou bien à des entités en charge de l'organisation et du pilotage.

Ces différents positionnements sont très relatifs et trouvent leur justification dans l'activité de l'entreprise, le style de management et le périmètre d'activités de la fonction. En règle générale, les fonctions contrôle de gestion orientées sur les missions de base (comptabilité analytique, coûts, budgets) sont plutôt rattachées à la direction administrative et financière. Lorsque ces dernières investissent davantage dans le pilotage en réalisant des tableaux de bord, des business plans et de la gestion des actifs, elles ont tendance à être rattachées à la direction générale. Lorsque l'activité est dominée par l'informatisation des processus et flux de gestion, le contrôle de gestion est très souvent intégré à des directions hybrides en charge du pilotage, de l'organisation et de l'informatique.

L'évaluation du positionnement

Comment savoir si le positionnement est le bon ? Au-delà de la description assez sommaire et généraliste qui vient d'être faite, nous pouvons amener certains acteurs de l'entreprise à juger la justesse et l'intérêt du positionnement de la fonction contrôle de gestion. Ainsi, pour évaluer la justesse du positionnement, nous préconisons de questionner les contrôleurs de gestion et leurs clients sur le thème suivant : le positionnement du service contrôle de gestion est-il le plus pertinent pour que le service serve au mieux les besoins de gestion de l'entreprise ? En répondant par « oui tout à fait », « oui », « pas toujours » ou « jamais », vous évaluez sur une échelle de 1 à 4 la pertinence de ce positionnement.

Le fonctionnement et le mode de management

« Dites-moi comment est organisée votre fonction contrôle de gestion et je vous dirai si celle-ci est performante. » Ce n'est pas aussi simple que cela mais le fonctionnement est un des éléments contributifs de la performance. Celui-ci peut être envisagé à travers plusieurs thèmes :

- l'organisation interne de la fonction contrôle de gestion ;
- le mode de coordination ;
- le style de management ;
- la formalisation des postes et fonctions ;
- la formalisation des processus d'activités.

L'organisation de la fonction contrôle de gestion

L'organisation de la fonction contrôle de gestion définit les modalités de répartition des tâches et du pouvoir dans le service. En fonction du nombre de contrôleurs de gestion, celle-ci sera plus ou moins formalisée.

Dans les services de contrôle de gestion supérieurs à trois personnes, il est important que l'organisation soit clairement explicitée aux contrôleurs de gestion et au reste de l'entreprise. Lorsque le nombre est très restreint, la configuration est celle d'un responsable avec un ou deux adjoints qui se répartissent les tâches, avec néanmoins un point de centralisation fort sur le responsable. Dès que le nombre dépasse trois personnes et s'oriente vers les cinq et plus, le « qui fait quoi » doit être formalisé sous la forme d'un organigramme ou d'un descriptif de fonctionnement. Les contrôleurs de gestion peuvent être répartis en fonction de leurs prestations (budget, tableaux de bord, *benchmarking*, etc.), de leurs clients (direction, hiérarchie, managers d'équipes), de zones géographiques (France, Europe), de sites (usine de Lens, site logistique du Mans), ou bien de manière matricielle entre toutes ces dimensions (les managers Europe du Nord).

Le mode de coordination

Le mode de coordination définit le type d'échanges des contrôleurs de gestion entre eux et avec leurs clients en ce qui concerne la réalisation de leur activité. Le mode de coordination est souvent conditionné par l'organisation et le style de management. En reprenant la typologie des modes de coordination de Mintzerg[1], on estime que l'on peut être dans une situation :

▶ d'ajustement informel qui consiste à s'accorder par une communication informelle (paroles, gestes) ;

---

1. H. Mintzberg, *Structure et dynamique des organisations*, Éditions d'Organisation, 1982.

» de supervision directe, par laquelle un responsable hiérarchique (un chef d'atelier, par exemple) donne des instructions aux subordonnés et contrôle leur travail ;

» de standardisation des procédés, où les méthodes de travail et les procédures sont consignées par avance (l'exécutant suit la programmation sans le concours d'une tierce personne) ;

» de standardisation des résultats : au lieu de spécifier les procédés, on fixe les objectifs à atteindre. Par exemple, un commercial qui doit réaliser tel chiffre de vente dans tel délai, sans que la méthode pour y parvenir soit spécifiée ;

» de standardisation des qualifications : cette méthode est utilisée lorsque le travail nécessite une large autonomie et qu'il est difficile de définir à l'avance les résultats ou les méthodes.

Le style de management

Le style de management définit les marges de liberté laissées à chacun pour exercer son activité et le mode relationnel établi entre les personnes. Il se dessine en fonction de la personnalité du responsable et de la culture de l'entreprise. Le style de management varie en termes d'autonomie laissée aux équipes et de fonctionnement plus ou moins centralisé ou collaboratif. La matrice des styles de management autonomie/échanges fait mention de quatre configurations structurantes :

» *Management interactif* : les contrôleurs de gestion ont une large autonomie d'action avec une délimitation claire de leur périmètre d'activités et des modes opératoires autonomes. Pour la réalisation de leur activité et l'évolution de celle-ci, ils réfléchissent collectivement et interagissent le plus possible pour bénéficier des apports de tous.

» *Management reporting* : les contrôleurs de gestion bénéficient d'une large autonomie de réalisation, mais doivent remplir de nombreux *reportings* qui justifient leurs productions ainsi que la durée de réalisation, dans une logique contractuelle avec leur supérieur. Ce mode de management permet une bonne traçabilité de l'activité, mais peut engendrer des dérives bureaucratiques contraires à l'objectif d'efficacité recherché.

▶ *Management injonctif* : il est centralisé sur le responsable qui exige que tout soit validé par lui. Les contrôleurs de gestion sont alors des assistants qui appliquent les modèles « du chef » et lui transmettent toutes leurs productions qu'il validera et adressera aux différents destinataires. Ce mode de management autocratique et autoritaire ne peut s'appliquer que dans un fonctionnement très standardisé, avec une population peu encline à la participation.

▶ *Management « rendre compte »* : il permet un échange, mais une faible autonomie. Les contrôleurs de gestion doivent systématiquement rendre compte de leurs productions, mais aussi de leurs perceptions à leur responsable. L'échange est permis uniquement dans un cadre très centralisé.

Figure 25 : Matrice autonomie/échanges

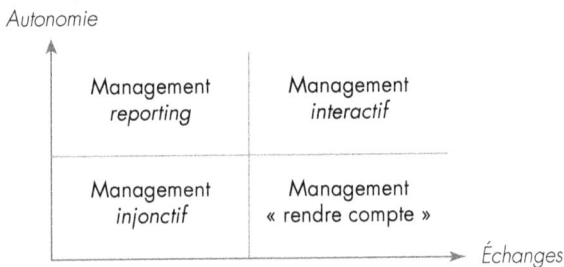

Autonomie

| Management reporting | Management interactif |
| Management injonctif | Management « rendre compte » |

Échanges

La formalisation des processus

La formalisation des postes

Dans les entreprises anglo-saxonnes, on ne jure que par le « JobD » (*Job Description)* pour stigmatiser le périmètre d'intervention d'une fonction et les réalisations auxquelles s'engage la personne qui occupe cette fonction. En France, nous parlons de

« fiche de poste » ou de « fiche métier ». Dans tous les cas, nous devons retrouver les éléments suivants :

- l'intitulé du poste ;
- les compétences requises ;
- le rattachement hiérarchique ;
- les rattachements fonctionnels (en terme d'expertise) ;
- les activités permanentes ;
- les activités occasionnelles ;
- les systèmes d'information nécessaires ;
- les sources d'information pour l'exercice de la fonction ;
- les formations proposées par l'entreprise.

Pour la description des activités récurrentes et occasionnelles, nous préconisons une approche par processus qui permet de lister les prestations et leurs modalités de réalisation en termes de flux et de traitement.

Toutes les entreprises n'ont pas à leur disposition les fiches de poste de manière globale ou partielle. Ce mode de fonctionnement tracé ne fait pas partie de toutes les cultures d'entreprise, et l'évolution permanente des postes fait qu'il faut toujours mettre à jour les descriptions existantes et en créer de nouvelles. Cette formalisation engage simultanément l'entreprise et le salarié dans une relation contractuelle qui permet un management par les objectifs. Les fiches métier sont également utilisées pour les entretiens annuels d'évaluation, permettant ainsi de faire porter l'évaluation sur un périmètre connu et accepté par les intéressés.

Les principaux processus à formaliser

Les principaux processus correspondent à ceux des différentes prestations qui ont été développées dans le chapitre 2 de cet ouvrage. Les processus des prestations de contrôle de gestion peuvent être structurés en cinq grandes étapes comme le montre le schéma suivant.

Figure 26 : Macro-processus des prestations du contrôle de gestion

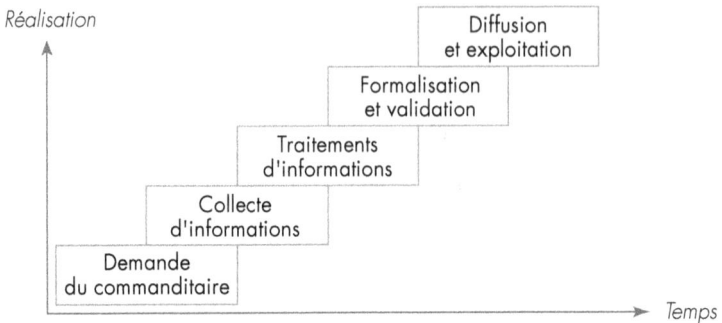

```
Réalisation
    ▲                                    ┌──────────────┐
    │                                    │ Diffusion    │
    │                                    │ et exploitation│
    │                        ┌───────────┴──────┐       │
    │                        │ Formalisation    │       │
    │                        │ et validation    │       │
    │              ┌─────────┴──────┐            │       │
    │              │ Traitements    │            │       │
    │              │ d'informations │            │       │
    │      ┌───────┴──────┐         │            │       │
    │      │ Collecte     │         │            │       │
    │      │ d'informations│        │            │       │
    ┌──────┴──────┐       │         │            │       │
    │ Demande     │       │         │            │       │
    │ du commanditaire│   │         │            │       │
    └─────────────┴──────┴─────────┴────────────┴───────┴──────▶ Temps
```

La première étape est celle de la demande du commanditaire. Il s'agit de déterminer les demandes des différents commanditaires et les échéances de ces dernières.

La deuxième étape traite de la collecte d'informations en déterminant qui collecte quoi et où. L'informatisation des données de gestion permet de collecter rapidement des informations à la condition de bénéficier des autorisations et de maîtriser les outils informatiques d'extraction.

La troisième phase est celle du traitement par lequel le contrôleur de gestion va donner du sens à toutes les informations collectées en vue de leur utilisation pour le pilotage de l'entreprise.

La quatrième phase s'intéresse aux modalités de formalisation d'états de gestion exploitables par les principaux bénéficiaires et aux procédures de validation et vérification avant diffusion.

La cinquième et dernière étape doit permettre de répondre à la question « À qui, quand et sous quelle forme diffuse-t-on les états de gestion produits ? » Cette étape s'intéresse également aux modalités d'exploitation des états de gestion diffusés.

En tenant compte de ces phases et des acteurs qui doivent intervenir en production, traitement et/ou diffusion d'informations, nous obtenons des descriptifs de processus graphiques d'enchaînements chronologiques d'activités, comme le montre le schéma suivant.

Figure 27 : Exemple de processus en contrôle de gestion

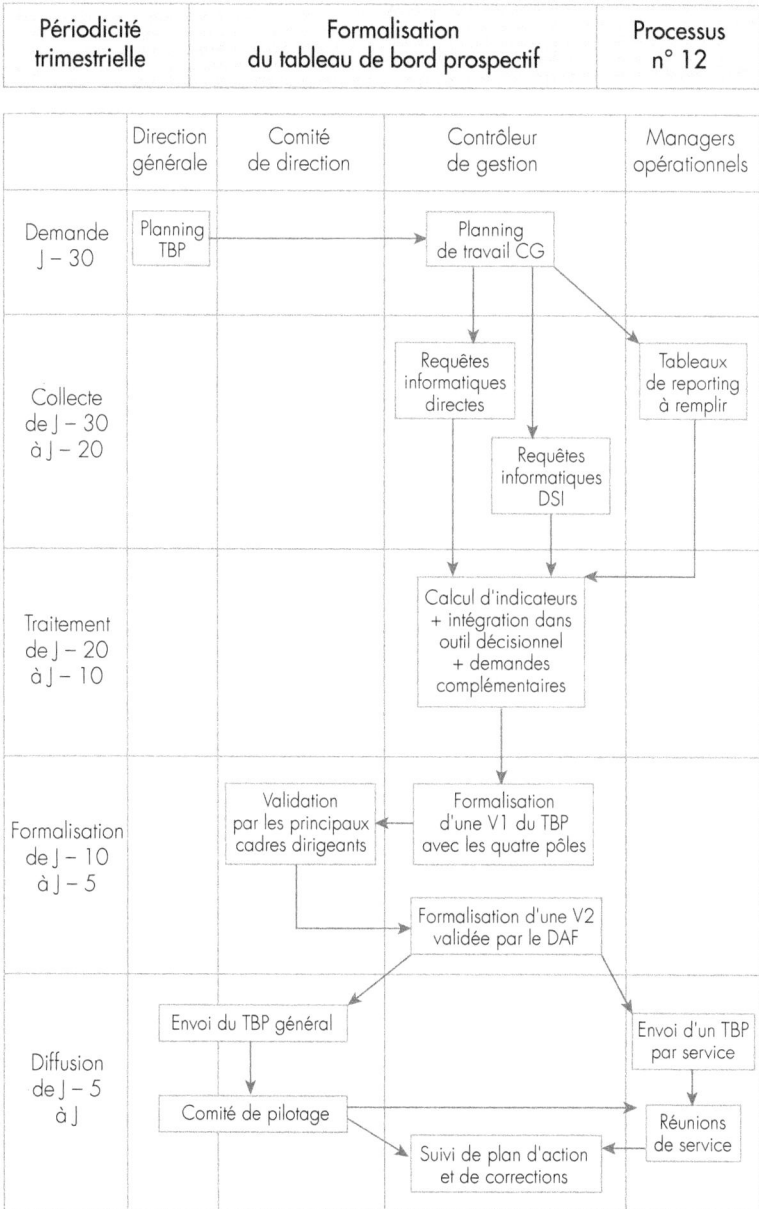

Périodicité trimestrielle	Formalisation du tableau de bord prospectif	Processus n° 12

	Direction générale	Comité de direction	Contrôleur de gestion	Managers opérationnels
Demande J – 30	Planning TBP		Planning de travail CG	
Collecte de J – 30 à J – 20			Requêtes informatiques directes / Requêtes informatiques DSI	Tableaux de reporting à remplir
Traitement de J – 20 à J – 10			Calcul d'indicateurs + intégration dans outil décisionnel + demandes complémentaires	
Formalisation de J – 10 à J – 5		Validation par les principaux cadres dirigeants	Formalisation d'une V1 du TBP avec les quatre pôles / Formalisation d'une V2 validée par le DAF	
Diffusion de J – 5 à J	Envoi du TBP général / Comité de pilotage		Suivi de plan d'action et de corrections	Envoi d'un TBP par service / Réunions de service

Les ressources de la fonction contrôle de gestion

Lorsque nous intervenons pour évaluer un service de contrôle de gestion dans une entreprise, la question qui revient le plus souvent porte sur le nombre de contrôleurs de gestion dans l'entreprise. La quantification des contrôleurs de gestion est cruciale car elle correspond aux postes de coûts les plus importants. Mais d'autres ressources comme l'environnement de travail et l'informatique sont également à analyser.

Le ratio du nombre de contrôleurs de gestion

L'affirmation d'un nombre dans l'absolu est très difficile tant les conditions de fonctionnement et les activités des entreprises sont différentes. Cependant, un travail d'investigation dans les entreprises nous a permis d'avancer un ratio du nombre de contrôleurs de gestion par rapport à l'effectif global. Le tableau suivant donne une typologie du ratio de contrôleurs de gestion pour une entreprise par rapport à son effectif total. Ce travail d'évaluation commence pour les entreprises de plus de dix salariés en raison du fait qu'il existe très rarement une personne en charge des activités de contrôle de gestion dans les petites entreprises de moins de dix personnes. Dans ce type d'entreprises, ces activités sont bien souvent réalisées par le dirigeant fondateur et/ou par un expert-comptable externe.

Volumétrie des contrôleurs de gestion

Typologie des entreprises	% des effectifs	Remarques
Entreprises de moins de 10 personnes	0,00 %	Tâches de gestion confiées aux experts-comptables
Entreprises entre 10 et 50 personnes	2,00 %	1/2 poste, car les tâches de pilotage sont très souvent associées aux activités administratives
Entreprises entre 50 et 100 personnes	1,50 %	1 personne en poste et des assistants en provenance des services comptable et financier
Entreprises entre 100 et 500 personnes	1,00 %	2 à 5 personnes avec un découpage de l'activité entre les contrôleurs de gestion
Entreprises de plus de 500 personnes dans le secteur tertiaire	0,50 %	Des équipes de 3 à 80 personnes organisées avec des contrôleurs de gestion siège et des contrôleurs de gestion en unité
Entreprises de plus de 500 personnes dans le secteur industriel	0,30 %	

Dans les entreprises de 10 à 50 salariés : la structure peut supporter un demi-poste en charge d'activités de contrôle de gestion. C'est bien souvent une personne qui gère de nombreux aspects administratifs et financiers et qui réalise, sur la base d'un temps partiel, des activités de contrôle de gestion à proprement parler. Cela est difficilement comptabilisable, mais cette personne utilise de manière ponctuelle des ressources administratives ou bien des stagiaires. Ce dimensionnement fait apparaître un ratio moyen de 2 % de l'effectif global en charge du contrôle de gestion.

Dans les entreprises de 50 à 100 salariés : une personne en charge du contrôle de gestion est généralement nommée et positionnée en tant que telle. Elle peut être assistée de manière plus ou moins formalisée par des personnes de la comptabilité. La fonction existe indépendamment de celles de l'administration, de la finance et de la comptabilité. Ce poste est très souvent occupé par une personne de l'entreprise ou par une personne externe avec cinq ans d'expérience, car celle-ci doit concevoir et animer tout le dispositif de contrôle de gestion de l'entreprise. Si l'effectif moyen est de 75 salariés, cela nous fait un ratio de 1,5 % de contrôleurs de gestion.

Dans les entreprises de 100 à 500 salariés : on voit émerger un véritable service contrôle de gestion de deux à cinq personnes en fonction du nombre de salariés et de l'activité. En moyenne, cela représente 1 % du total de l'effectif, avec des attributions en termes d'activités. Il y a trois ou quatre pôles avec un responsable budgétaire, un responsable économique (qui réalise toutes les études et qui produit des analyses de marges et du revenu), une personne en charge de la production des états de gestion (*reporting* et tableaux de bord), et parfois un responsable de l'informatique de gestion.

Dans les entreprises de plus de 500 salariés : il y a une différence entre les entreprises du secteur tertiaire et celles du secteur industriel. Dans le secteur tertiaire, nous obtenons une volumétrie de 0,5 % de l'effectif global qui constitue un seuil. Par exemple, pour une entreprise de mille personnes, nous aurons un effectif de contrôleurs de gestion de cinq personnes. Ce chiffre est plus faible dans l'industrie en raison d'une plus forte automatisation et d'une plus forte proportion de personnes en charge de la production par rapport à celles en situation de gestion. Le ratio serait plus faible que dans l'activité tertiaire avec une valeur de 0,3 % de l'effectif. Pour ce type d'organisation, nous avons un effet de seuil qui est difficile à déterminer, mais il est très rare de rencontrer des organisations où la fonction contrôle de gestion (de manière distincte des fonctions managériales, qui peuvent intégrer des activités de contrôle de gestion) est supérieure à 100 personnes.

Attention !

Les chiffres présentés sont le fruit d'observations de la structuration des services contrôle de gestion dans certaines entreprises. Ils constituent un premier critère d'appréciation qu'il faut relativiser en fonction du type d'activités, de la structure, mais également des exigences de gestion. De plus, cette appréciation ne tient pas compte du fait que dans beaucoup d'entreprises, ce sont les managers et les directions financières qui ont en charge une partie des attributions de la fonction contrôle de gestion. Le management moderne exige un pilotage de plus en plus soutenu, ce qui rend la généralisation du métier de contrôleur de gestion indispensable. Aussi, ces ratios actuels ne reflètent pas complètement les besoins de l'entreprise de demain ! Cependant, ils permettent de s'interroger sur la notion de volumétrie d'une fonction contrôle gestion et de mieux envisager l'adéquation entre les missions, les activités et le nombre de contrôleurs de gestion.

Comment utiliser ces référentiels ?

L'évaluation que nous vous proposons consiste à comparer le nombre de contrôleurs de gestion d'une entreprise avec les standards du tableau précédent de la manière suivante :

▶ Si le nombre de contrôleurs de gestion de votre entreprise est en correspondance avec les référentiels à plus ou moins 10 %, votre évaluation est caractérisée par la formule : « Votre service de contrôle de gestion est dimensionné selon la moyenne. »

◗ Si le nombre de contrôleurs de gestion de votre entreprise est égal à plus ou moins 20 % du standard, votre évaluation s'exprimera par la formule : « Expliquez la dérive de sur ou sous-activité. » L'écart est très faible et peut tout simplement s'expliquer par des contraintes de fonctionnement (notamment les entreprises intégrées dans les grands groupes) ou par un fonctionnement gestionnaire.

◗ Si le nombre de contrôleurs de gestion de votre entreprise est égal à plus ou moins 50 %, votre évaluation s'exprimera par la formule : « Revoir les modes de fonctionnement pour identifier les risques. » L'écart est significativement différent de la moyenne. Il peut y avoir une explication contingente, ne nécessitant aucune action de correction. Dans le cas contraire, il faut s'interroger sur le fonctionnement du service pour détecter les lieux de progression et/ou les attentes des différents clients du contrôle de gestion.

◗ Si le nombre de contrôleurs de gestion de votre entreprise est égal à plus ou moins 100 %, votre évaluation s'exprimera par la formule : « Il y a urgence à revoir la structuration et le fonctionnement de la fonction contrôle de gestion. » De manière structurelle ou conjoncturelle, il y a un problème de dimensionnement de l'équipe qui risque d'entraîner des erreurs dans les productions et, par conséquent, de décrédibiliser la fonction.

Les coûts de la fonction contrôle de gestion

La notion d'effectif est très structurante, car c'est le premier poste de coûts de la fonction contrôle de gestion. De manière exploratoire, nous avons tenté de dimensionner les coûts standards de la fonction contrôle de gestion. En reprenant les entreprises observées pour déterminer le nombre de contrôleurs de gestion, nous avons pu obtenir, pour une partie d'entre elles, quelques indications de coûts, même si la notion de rémunération est un sujet quelque peu tabou dans les entreprises françaises.

Les trois postes de coûts les plus importants sont, dans l'ordre croissant, les rémunérations, l'environnement matériel et les outils informatiques.

Figure 28 : Répartition des coûts de la fonction contrôle de gestion

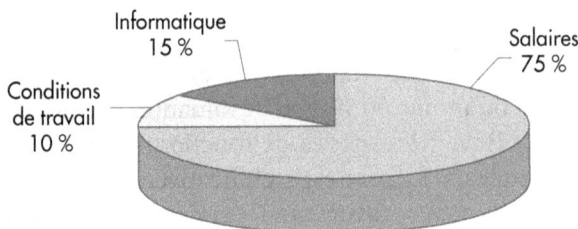

La **rémunération** représente environ 75 % du coût de fonctionnement d'un service contrôle de gestion avec les charges sociales. La rémunération d'un contrôleur de gestion varie entre 25 K euros brut pour un débutant Bac +3/4, et 80 K euros brut pour un responsable de service.

L'**environnement matériel** constitue les conditions de travail et se compose d'un lieu de travail, de différents fluides (téléphones, électricité) et de services liés aux infrastructures immobilières (quote-part d'accueil, de sécurité, etc.). Cela représente environ 10 % du coût global de la fonction contrôle de gestion. Selon le lieu et le coût de l'immobilier, ce chiffre pourra être revu.

Le **système informatique** est devenu un poste de coût important, notamment avec le développement des systèmes d'information décisionnels et la mise sous intranet de la plupart des productions du contrôle de gestion (tableaux de bord, budget, etc.). Bien entendu, ce ne sont pas les seuls à supporter le coût global de ces investissements, mais une quote-part importante peut leur être attribuée. Les estimations montrent que ce coût peut représenter 15 % du budget global de la fonction.

Exemple d'une équipe de contrôle de gestion

Une entreprise de distribution de 350 personnes a un service contrôle de gestion de 2 personnes, une à plein temps et une à mi-temps, dont le coût salarial est de 150 K euros.

- Un responsable pour un coût total de 84 K euros.
- Un contrôleur de gestion junior pour un coût total de 48 K euros.
- Un assistant à mi-temps pour une valeur de 18 K euros.

Cette équipe a besoin d'environ 30 m² pour fonctionner, ce qui représente un coût annuel de 20 K euros avec les fluides. Elle dispose d'un équipement informatique et assume une quote-part d'informatique centrale pour un montant de 30 K euros (6 K euros de postes de travail et 24 K euros de développement ou de sollicitation de l'informatique centrale).

Le coût global est de 200 K euros, soit 80 K euros par contrôleur de gestion.

L'exemple précédent pose la problématique du coût global de la fonction contrôle de gestion. Certains prétendent l'énoncer en terme de pourcentage de chiffre d'affaires. Si une telle formulation a le mérite de la clarté, nous ne la trouvons pas particulièrement représentative de la réalité. Nous préférons reprendre notre typologie précédente qui définit le nombre moyen de contrôleurs de gestion, et multiplier ce nombre par une valeur moyenne de 80 K euros. Le coût moyen complet d'un contrôleur oscille entre 60 et 100 K euros en fonction de la taille de l'entreprise et du dimensionnement de l'activité contrôle de gestion à partir des exemples d'entreprises étudiées en France.

Les questionnaires d'évaluation des variables structurelles

Adressé en général aux contrôleurs de gestion et parfois à certains clients de la fonction, ainsi qu'aux managers décisionnels de l'entreprise, ce questionnaire reprend les trois variables structurelles développées. Pour chaque variable, entre trois et cinq questions sont posées : elles permettent d'apprécier l'adaptation des ressources structurelles à l'activité réelle pour déterminer un taux de support structurel.

À chacune des questions est attribué un nombre de points (4 pour « oui tout à fait », 3 pour « oui en partie », 2 pour « non » et 1 pour « non pas du tout ») ; ces points permettent d'obtenir une moyenne pour chacune des parties et en global.

Positionnement de la fonction	
1. Le positionnement de la fonction contrôle de gestion vous paraît-il explicite ?	☐ Oui tout à fait ☐ Oui en partie ☐ Non ☐ Non et c'est très dommageable
2. Le positionnement de la fonction contrôle de gestion vous paraît-il le meilleur pour réaliser les activités dont elle a la charge ?	☐ Oui tout à fait ☐ Oui en partie ☐ Non ☐ Non et c'est très dommageable
3. Le positionnement de la fonction contrôle de gestion lui permet-elle de bien dialoguer avec les autres services de l'entreprise ?	☐ Oui tout à fait ☐ Oui en partie ☐ Non ☐ Non et c'est très dommageable
4. Le positionnement de la fonction contrôle de gestion est-il en correspondance avec la culture de l'entreprise ?	☐ Oui tout à fait ☐ Oui en partie ☐ Non ☐ Non et c'est très dommageable
5. Le positionnement de la fonction contrôle de gestion permet-il d'obtenir des informations facilement ?	☐ Oui tout à fait ☐ Oui en partie ☐ Non ☐ Non et c'est très dommageable
Moyenne Positionnement	

Fonctionnement de la fonction	
1. La répartition des tâches et des activités est-elle suffisamment explicite ?	☐ Oui tout à fait ☐ Oui en partie ☐ Non ☐ Non et c'est très dommageable

2. Le mode de coordination est-il en adéquation avec les attentes et les aspirations des contrôleurs de gestion ?	☐ Oui tout à fait ☐ Oui en partie ☐ Non ☐ Non et c'est très dommageable
3. Le mode de management de la fonction contrôle de gestion vous satisfait-il ?	☐ Oui tout à fait ☐ Oui en partie ☐ Non ☐ Non et c'est très dommageable
4. L'activité du contrôle de gestion est-elle formalisée dans des fiches de poste ?	☐ Oui tout à fait ☐ Oui en partie ☐ Non ☐ Non et c'est très dommageable
5. Les processus de la fonction contrôle de gestion sont-ils formalisés et communiqués ?	☐ Oui tout à fait ☐ Oui en partie ☐ Non ☐ Non et c'est très dommageable
Moyenne Fonctionnement	

Ressources de la fonction	
1. Comment se situe le nombre de contrôleurs de gestion de votre entreprise par rapport à la norme ?	☐ À plus ou moins 10 % ☐ À plus ou moins 20 % ☐ À plus ou moins 50 % ☐ À plus ou moins 100 %
2. Comment se situe le coût global de la fonction contrôle de gestion de votre entreprise par rapport à la norme ?	☐ À plus ou moins 10 % ☐ À plus ou moins 20 % ☐ À plus ou moins 50 % ☐ À plus ou moins 100 %
3. Comment se situe le coût salarial de la fonction contrôle de gestion de votre entreprise par rapport à la norme ?	☐ À plus ou moins 10 % ☐ À plus ou moins 20 % ☐ À plus ou moins 50 % ☐ À plus ou moins 100 %
4. Comment se situe le coût de l'environnement de travail de la fonction contrôle de gestion de votre entreprise par rapport à la norme ?	☐ À plus ou moins 10 % ☐ À plus ou moins 20 % ☐ À plus ou moins 50 % ☐ À plus ou moins 100 %
5. Comment se situe le coût de l'informatique de la fonction contrôle de gestion de votre entreprise par rapport à la norme ?	☐ À plus ou moins 10 % ☐ À plus ou moins 20 % ☐ À plus ou moins 50 % ☐ À plus ou moins 100 %
Moyenne Ressources	

Le taux de support structurel

Les résultats obtenus aux questions précédentes permettent d'obtenir un taux de support structurel pour le positionnement, le fonctionnement et les ressources, mais aussi un taux structurel global, comme le montrent le tableau et le graphique suivants.

Calcul du taux de support structurel

Taux de support structurel	Nombre de points	Taux
Positionnement	16	80 %
Fonctionnement	6	30 %
Ressources	12	60 %
Taux de support structurel global	34	57 %

Figure 29 : Le taux de support structurel

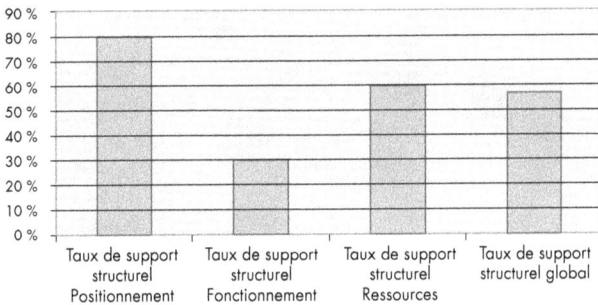

Il est possible de calculer ce taux de support structurel en donnant une pondération plus importante à la partie ressources. Nous conseillons d'affecter un coefficient 2 à cette partie, car c'est *a priori* celle qui est la plus structurante.

Le taux de support structurel permet de dresser une évaluation de la fonction sur une échelle barométrique, comme le montre la figure suivante.

Figure 30 : Baromètre du taux de support structurel

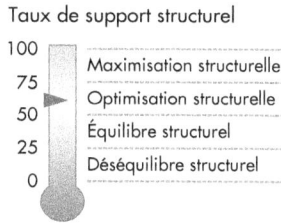

Taux de support structurel

100	
75	Maximisation structurelle
50	▶ Optimisation structurelle
25	Équilibre structurel
0	Déséquilibre structurel

La maximisation structurelle est atteinte lorsque le taux est supérieur à 75 %. Cela illustre une situation où la fonction contrôle de gestion bénéficie d'un effectif satisfaisant et où les conditions de travail et de fonctionnement favorisent l'initiative et l'implication. C'est la situation idéale vers laquelle doit tendre toute fonction contrôle de gestion ; c'est aussi la meilleure disposition pour que celle-ci réalise ses prestations et réponde au mieux aux attentes du reste de l'entreprise.

L'optimisation structurelle, dont le taux est compris entre 50 et 75 %, démontre que les différentes variables sont jugées acceptables et correspondent à l'activité, avec des remarques du type « ça va, mais on pourrait faire mieux ». Cela peut se traduire par des surcharges de travail temporaires et des fonctionnements qui ne permettent pas toujours de répondre au mieux aux attentes de l'entreprise.

L'équilibre structurel, avec un taux compris entre 25 et 50 %, fait mention d'une situation où il y a un risque dû à la tension qui touche et les ressources et le fonctionnement : « ça passe, mais juste », pour reprendre le commentaire d'une personne dans cette situation. Les ressources sont jugées insuffisantes pour couvrir le périmètre théorique de la fonction. Dans les faits, cela se traduit par la sélection des prestations qui sont jugées les plus importantes (souvent à court terme) pour la gestion de l'entreprise, au détriment d'activités moins urgentes, mais parfois tout aussi, voire plus importantes.

Le déséquilibre structurel, avec un taux inférieur à 25 %, il illustre une situation quelque peu alarmante, car la fonction contrôle de gestion ne peut réaliser le contenu (quantitativement et qualitativement) de sa mission. Le sous-effectif et/ou les problèmes de positionnement et de management peuvent conduire à « bâcler » certaines productions, avec des incidences contre-productives pour l'entreprise.

Synthèse

L'axe organisation nous donne des ratios de référence pour dimensionner au mieux la fonction contrôle de gestion. La comparaison de ces ratios avec la réalité donne un taux de support structurel par lequel il est possible de dire si la fonction contrôle de gestion est bien dimensionnée, et s'il y a lieu de revoir sa structure.

Chapitre 6

L'évaluation de la satisfaction client de la fonction contrôle de gestion

- Le référentiel clients
- Les questionnaires d'évaluation de la satisfaction clients
- Le taux de satisfaction

Dans une logique client/fournisseur, la fonction contrôle de gestion produit des prestations pour des clients internes et externes. Sans qu'il y ait de contractualisation formelle ni de sanctions par un marché externe, il n'en demeure pas moins que la fonction contrôle de gestion doit tenir compte de la satisfaction des clients internes pour faire évoluer les prestations et les relations avec ces mêmes clients. L'analyse des services contrôle de gestion a montré que cette fonction avait principalement trois types de clients pour lesquels elle réalise les prestations qui ont été citées dans le chapitre 3 de cet ouvrage. De manière matricielle, nous établissons des couples prestations/clients et envisageons les attentes des clients par rapport à ces couples. Cela nous permet de construire des questionnaires d'appréciation et d'obtenir des baromètres de satisfaction clients pour chaque catégorie ou globalement, constituant ainsi le quatrième et dernier pôle du modèle d'évaluation fonctionnelle.

Le référentiel clients

Qui sont les clients de la fonction contrôle de gestion ? Pour qui travaillent les contrôleurs de gestion ? Une des manières de répondre à ces questions est d'attribuer, pour chaque prestation, les clients qui en bénéficient. Les trois principaux clients de la fonction contrôle de gestion sont la direction générale, la ligne managériale et les partenaires externes de l'entreprise.

La direction générale

La direction générale est l'un des principaux destinataires des productions de contrôle de gestion dans une logique de management centralisé et hiérarchique. Le contrôle de gestion collecte des informations, les traite et les analyse de manière synthétique pour construire des représentations, mettre en alerte et aider à la décision des dirigeants de l'entreprise.

La direction générale est composée du dirigeant et de l'ensemble des membres du comité de direction (cadres dirigeants des principales branches et activités de l'entreprise). Cela correspond en général à une quinzaine de personnes. Certains peuvent être plus consommateurs, comme un directeur adjoint en charge de la gestion ou le directeur administratif et financier. Dans beaucoup d'entreprises, ces personnes représentent le principal client de la fonction contrôle de gestion, ce qui traduit une culture de la centralisation des données de gestion aux décideurs.

La ligne managériale

La ligne managériale correspond à l'ensemble de l'encadrement de l'entreprise, et plus particulièrement aux managers opérationnels. En fonction de la « longueur » de la ligne hiérarchique dans les entreprises, cette population sera plus ou moins importante. Depuis une quinzaine d'années, le raccourcissement des lignes hiérarchiques les a fait passer de sept à trois ou quatre niveaux (le maximum est de cinq personnes au lieu de sept auparavant). Nous avons généralement les managers opérationnels, les managers de structure et les managers de processus ou de branche.

Les managers opérationnels

Les managers opérationnels dirigent une équipe sur le terrain ; le nombre de personnes dans ces équipes peut varier de 5 à 30, en fonction des métiers et de l'autonomie des salariés. On les appelle parfois les « managers de terrain » ou « managers de première ligne ». Ils sont au cœur du dispositif de management, car ce sont les relais des messages vers les utilisateurs par qui sont mis en œuvre les décisions managériales. Ils sont très demandeurs d'outils de gestion pour manager leur équipe et se plaignent généralement des nombreux *reportings* qu'ils doivent alimenter, sans toujours bénéficier des retombées en termes d'analyses.

Les managers de structure

Les managers de structure encadrent plusieurs managers opérationnels. Ils ont une responsabilité fonctionnelle liée à la réalisation d'un métier et se voient allouer des ressources correspondantes. Ils ont un rôle de gestionnaire plus que les managers d'équipes, même si ces deux fonctions peuvent être fondues dans certaines organisations de petite taille. Les managers de structure font très souvent l'objet de contrôles de consommation de ressources et/ou de résultats, et regrettent de ne pas être suffisamment associés à la conception et à l'exploitation de ces outils pour leur périmètre de responsabilités.

Les managers de processus

Les managers de processus sont aussi appelés les « managers de branche ». Ils chapotent les managers de structure. Dans certaines entreprises, ce sont les membres du comité de direction. Ils ont un rôle plus stratégique sur leur domaine d'intervention et participent beaucoup plus à la prise de décision que les autres instances hiérarchiques. Pour la réalisation de leur mission stratégique, ils attendent du contrôle de gestion une relation de partenariat et la possibilité de réaliser de nombreuses études explicatives sur des points particuliers, en dehors des productions régulières de la fonction.

Les clients externes

Les clients externes sont des partenaires de l'entreprise qui solliciteront le service contrôle de gestion dans le cadre de leurs relations avec celle-ci.

Il peut s'agir de fournisseurs qui désirent obtenir des éléments prévisionnels de production ou des éléments financiers pour l'accord de conditions de paiement. Les clients peuvent être sensibles à certains chiffres et données de pilotage valorisant l'entreprise et à la qualité de ses prestations. En ce qui concerne les partenaires avec lesquels des produits et/ou des projets sont réalisés en commun, ils seront, en tant que parties prenantes et cofinanceurs, les destinataires de tous les états de gestion concernant le périmètre du partenariat. Les banques et les instituts financiers désireront bénéficier d'études de type business plan pour apprécier la capacité de création de valeur de l'entreprise à l'occasion d'un financement, d'une cession ou d'un rachat. Les services fiscaux peuvent également être des interlocuteurs en cas de contrôle pour l'explication de certains chiffrages.

Ces trois types de clients ne représentent pas la même charge de travail de la fonction contrôle de gestion. Les observations effectuées dans de nombreux services contrôle de gestion nous ont permis de dresser deux types de contrôles de gestion, qui font varier la répartition de la charge de travail allouée aux différents types de clients. Nous avons détecté la configuration centralisée et la configuration décentralisée.

Configurations centralisée et décentralisée

La configuration centralisée correspond à un contrôle de gestion orienté vers la direction générale au détriment des managers. Inversement, la configuration décentralisée fait apparaître une relative égalité entre les deux clients principaux que sont la direction générale et la ligne hiérarchique. Les clients externes restent stables avec une charge de travail estimée à 5 % de la charge globale.

Figure 31 : Configuration centralisée du contrôle de gestion

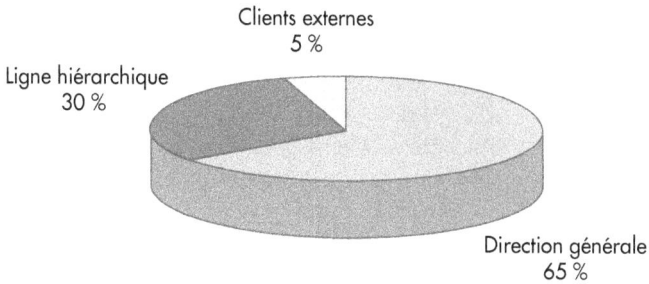

Clients externes
5 %

Ligne hiérarchique
30 %

Direction générale
65 %

Figure 32 : Configuration décentralisée du contrôle de gestion

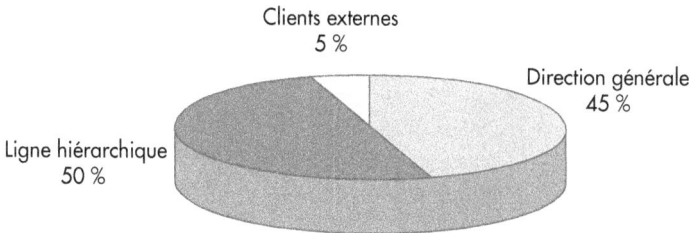

Clients externes
5 %

Direction générale
45 %

Ligne hiérarchique
50 %

L'approche client n'est pas très présente dans le management des fonctions supports en raison du fait que leurs clients sont essentiellement internes. Les démarches qualité réalisées dans les entreprises depuis une vingtaine d'années ont montré l'importance des outils de gestion intégrant le client. C'est une manière de s'interroger en permanence sur l'état de ses pratiques en fonction de leur utilisation et donc de les faire progresser.

La mise en relation des clients et des prestations produit une matrice (voir tableau suivant) qui représente le couple prestations/clients. Cette matrice nous permettra d'administrer un questionnaire par catégories de clients. Les produits ont été formalisés à partir du référentiel d'activités présenté dans le chapitre 3.

Les prestations à destination de la direction générale

Groupes Clients	Prestations
Directeur	- Schémas analytiques de l'entreprise - Calcul des coûts et prix de vente - Budget global de l'entreprise - Suivi budgétaire - Tableau de bord stratégique - Tableau de bord des risques - Business plan - Évaluations financières (EVA, EBITDA, etc.) - Cotation sociale - Études *benchmarking* - Analyse de la chaîne de valeur de l'entreprise
Directeurs adjoints et directeur administratif et financier	- Construction des schémas analytiques de l'entreprise - Calcul des coûts et prix de vente - Études de réduction et d'optimisation des coûts - Budget global de l'entreprise - Suivi budgétaire - Contrats de gestion - Tableau de bord stratégique - Tableau de bord des risques - Évaluations financières (EVA, EBITDA, etc.) - Business plan - Dossier d'investissement - Études statistiques sur les coûts et les marges - Études *benchmarking* - Analyse de la chaîne de valeur de l'entreprise
Comité de direction	- Calcul des coûts et prix de vente - Budget global de l'entreprise - Suivi budgétaire - Tableau de bord stratégique - Tableau de bord des risques - Tableau de bord social - Études statistiques sur les coûts et les marges - Études *benchmarking* - Analyse de la chaîne de valeur de l'entreprise

Les prestations à destination de la ligne hiérarchique

Groupes Clients	Prestations
Manager de structure	- Construction des schémas analytiques de l'entreprise - Études de réduction et d'optimisation des coûts - Budget par service - Suivi budgétaire - Contrats de gestion - Tableau de bord opérationnel - Dossier d'investissement - Formation et accompagnement des managers - Études *benchmarking* - Analyse de la chaîne de valeur de l'entreprise - Évaluation fonctionnelle
Manager terrain	- Calcul des coûts et prix de vente - Tableau de bord opérationnel - Formation et accompagnement des managers - Études *benchmarking* - Système de veille informationnelle
Manager de processus	- Calcul des coûts et prix de vente - Dossier d'investissement - Formation et accompagnement des managers - Études *benchmarking* - Analyse de la chaîne de valeur de l'entreprise - Système de veille informationnelle - Évaluation fonctionnelle

Les prestations à destination des clients externes

Groupes Clients	Prestations
Clients externes de l'entreprise	- Dossiers de Gestion
Fournisseurs	- Dossiers de Gestion
Partenaires et autres	- Construction des schémas analytiques de l'entreprise - Business plan - Évaluations financières (EVA, EBITDA, etc.) - Études *benchmarking*

Les questionnaires d'évaluation de la satisfaction client

Le référentiel du couple produits/clients constitue la base de notre questionnaire d'évaluation de la satisfaction client. Les différents clients à qui s'adresse le questionnaire doivent fournir une évaluation en sélectionnant une des quatre réponses proposées : « très satisfait », « satisfait », « peu satisfait », « non satisfait ».

Les réponses aux différentes questions nous permettront de déterminer un taux en donnant une valeur qualitative à chacune d'elles : 4 pour « très satisfait », 3 pour « satisfait », 2 pour « peu satisfait », et 1 pour « non satisfait ». Le nombre de questions multiplié par 4, la note maximale, sera divisé par le nombre de points obtenus par la somme des points correspondant aux réponses. Le tout, exprimé en pourcentage, donnera le taux de satisfaction global.

Questionnaire d'évaluation de la satisfaction client

Satisfaction de la direction	
Schémas analytiques de l'entreprise	☐ Très satisfait ☐ Satisfait ☐ Peu satisfait ☐ Non satisfait
Calcul des coûts et prix de vente	☐ Très satisfait ☐ Satisfait ☐ Peu satisfait ☐ Non satisfait
Budget global de l'entreprise	☐ Très satisfait ☐ Satisfait ☐ Peu satisfait ☐ Non satisfait
Suivi budgétaire	☐ Très satisfait ☐ Satisfait ☐ Peu satisfait ☐ Non satisfait
Tableau de bord stratégique	☐ Très satisfait ☐ Satisfait ☐ Peu satisfait ☐ Non satisfait
Tableau de bord des risques	☐ Très satisfait ☐ Satisfait ☐ Peu satisfait ☐ Non satisfait
Business plan	☐ Très satisfait ☐ Satisfait ☐ Peu satisfait ☐ Non satisfait

Évaluations financières (EVA, EBITDA, etc.)	☐ Très satisfait ☐ Satisfait ☐ Peu satisfait ☐ Non satisfait
Cotation sociale	☐ Très satisfait ☐ Satisfait ☐ Peu satisfait ☐ Non satisfait
Études *benchmarking*	☐ Très satisfait ☐ Satisfait ☐ Peu satisfait ☐ Non satisfait
Analyse de la chaîne de valeur de l'entreprise	☐ Très satisfait ☐ Satisfait ☐ Peu satisfait ☐ Non satisfait
Taux de satisfaction de la direction	

Satisfaction des directeurs adjoints et du directeur administratif et financier

Schémas analytiques de l'entreprise	☐ Très satisfait ☐ Satisfait ☐ Peu satisfait ☐ Non satisfait
Calcul des coûts et prix de vente	☐ Très satisfait ☐ Satisfait ☐ Peu satisfait ☐ Non satisfait
Études de réduction et d'optimisation des coûts	☐ Très satisfait ☐ Satisfait ☐ Peu satisfait ☐ Non satisfait
Budget global de l'entreprise	☐ Très satisfait ☐ Satisfait ☐ Peu satisfait ☐ Non satisfait
Suivi budgétaire	☐ Très satisfait ☐ Satisfait ☐ Peu satisfait ☐ Non satisfait
Contrats de gestion	☐ Très satisfait ☐ Satisfait ☐ Peu satisfait ☐ Non satisfait
Tableau de bord stratégique	☐ Très satisfait ☐ Satisfait ☐ Peu satisfait ☐ Non satisfait
Tableau de bord des risques	☐ Très satisfait ☐ Satisfait ☐ Peu satisfait ☐ Non satisfait
Business plan	☐ Très satisfait ☐ Satisfait ☐ Peu satisfait ☐ Non satisfait
Évaluations financières (EVA, EBITDA, etc.)	☐ Très satisfait ☐ Satisfait ☐ Peu satisfait ☐ Non satisfait
Dossier d'investissement	☐ Très satisfait ☐ Satisfait ☐ Peu satisfait ☐ Non satisfait
Études statistiques sur les coûts et les marges	☐ Très satisfait ☐ Satisfait ☐ Peu satisfait ☐ Non satisfait

Études *benchmarking*	☐ Très satisfait ☐ Satisfait ☐ Peu satisfait ☐ Non satisfait
Analyse de la chaîne de valeur de l'entreprise	☐ Très satisfait ☐ Satisfait ☐ Peu satisfait ☐ Non satisfait
Taux de satisfaction des directeurs adjoints et du directeur administratif et financier	

Satisfaction du comité de direction	
Calcul des coûts et prix de vente	☐ Très satisfait ☐ Satisfait ☐ Peu satisfait ☐ Non satisfait
Budget global de l'entreprise	☐ Très satisfait ☐ Satisfait ☐ Peu satisfait ☐ Non satisfait
Suivi budgétaire	☐ Très satisfait ☐ Satisfait ☐ Peu satisfait ☐ Non satisfait
Tableau de bord stratégique	☐ Très satisfait ☐ Satisfait ☐ Peu satisfait ☐ Non satisfait
Tableau de bord des risques	☐ Très satisfait ☐ Satisfait ☐ Peu satisfait ☐ Non satisfait
Tableau de bord social	☐ Très satisfait ☐ Satisfait ☐ Peu satisfait ☐ Non satisfait
Études statistiques sur les coûts et les marges	☐ Très satisfait ☐ Satisfait ☐ Peu satisfait ☐ Non satisfait
Études *benchmarking*	☐ Très satisfait ☐ Satisfait ☐ Peu satisfait ☐ Non satisfait
Analyse de la chaîne de valeur de l'entreprise	☐ Très satisfait ☐ Satisfait ☐ Peu satisfait ☐ Non satisfait
Taux de satisfaction du comité de direction	
Taux de satisfaction global direction	

Satisfaction des managers de terrain	
Calcul des coûts et prix de vente	☐ Très satisfait ☐ Satisfait ☐ Peu satisfait ☐ Non satisfait
Tableau de bord opérationnel	☐ Très satisfait ☐ Satisfait ☐ Peu satisfait ☐ Non satisfait
Formation et accompagnement des managers	☐ Très satisfait ☐ Satisfait ☐ Peu satisfait ☐ Non satisfait

Études *benchmarking*	☐ Très satisfait ☐ Satisfait ☐ Peu satisfait ☐ Non satisfait
Système de veille informationnelle	☐ Très satisfait ☐ Satisfait ☐ Peu satisfait ☐ Non satisfait
Évaluation fonctionnelle	☐ Très satisfait ☐ Satisfait ☐ Peu satisfait ☐ Non satisfait
Taux de satisfaction des managers de terrain	

Satisfaction des managers de structure	
Construction des schémas analytiques de l'entreprise	☐ Très satisfait ☐ Satisfait ☐ Peu satisfait ☐ Non satisfait
Études de réduction et d'optimisation des coûts	☐ Très satisfait ☐ Satisfait ☐ Peu satisfait ☐ Non satisfait
Calcul des coûts et prix de vente	☐ Très satisfait ☐ Satisfait ☐ Peu satisfait ☐ Non satisfait
Budget par service	☐ Très satisfait ☐ Satisfait ☐ Peu satisfait ☐ Non satisfait
Suivi budgétaire	☐ Très satisfait ☐ Satisfait ☐ Peu satisfait ☐ Non satisfait
Contrats de gestion	☐ Très satisfait ☐ Satisfait ☐ Peu satisfait ☐ Non satisfait
Tableau de bord opérationnel	☐ Très satisfait ☐ Satisfait ☐ Peu satisfait ☐ Non satisfait
Dossier d'investissement	☐ Très satisfait ☐ Satisfait ☐ Peu satisfait ☐ Non satisfait
Formation et accompagnement des managers	☐ Très satisfait ☐ Satisfait ☐ Peu satisfait ☐ Non satisfait
Études *benchmarking*	☐ Très satisfait ☐ Satisfait ☐ Peu satisfait ☐ Non satisfait
Analyse de la chaîne de valeur de l'entreprise	☐ Très satisfait ☐ Satisfait ☐ Peu satisfait ☐ Non satisfait
Évaluation fonctionnelle	☐ Très satisfait ☐ Satisfait ☐ Peu satisfait ☐ Non satisfait
Taux de satisfaction des managers de structure	

Satisfaction des managers de processus		
Calcul des coûts et prix de vente	☐ Très satisfait ☐ Satisfait ☐ Peu satisfait ☐ Non satisfait	
Dossier d'investissement	☐ Très satisfait ☐ Satisfait ☐ Peu satisfait ☐ Non satisfait	
Tableau de bord opérationnel	☐ Très satisfait ☐ Satisfait ☐ Peu satisfait ☐ Non satisfait	
Formation et accompagnement des managers	☐ Très satisfait ☐ Satisfait ☐ Peu satisfait ☐ Non satisfait	
Études benchmarking	☐ Très satisfait ☐ Satisfait ☐ Peu satisfait ☐ Non satisfait	
Système de veille informationnelle	☐ Très satisfait ☐ Satisfait ☐ Peu satisfait ☐ Non satisfait	
Évaluation fonctionnelle	☐ Très satisfait ☐ Satisfait ☐ Peu satisfait ☐ Non satisfait	
Taux de satisfaction des managers de processus		
Taux de satisfaction Management		

Satisfaction des clients externes de l'entreprise		
Dossiers de gestion	☐ Très satisfait ☐ Satisfait ☐ Peu satisfait ☐ Non satisfait	
Taux de satisfaction des clients externes		

Satisfaction des fournisseurs		
Dossiers de gestion	☐ Très satisfait ☐ Satisfait ☐ Peu satisfait ☐ Non satisfait	
Taux de satisfaction des fournisseurs		

Satisfaction des partenaires		
Construction des schémas analytiques de l'entreprise	☐ Très satisfait ☐ Satisfait ☐ Peu satisfait ☐ Non satisfait	
Business plan	☐ Très satisfait ☐ Satisfait ☐ Peu satisfait ☐ Non satisfait	
Évaluations financières (EVA, EBITDA, etc.)	☐ Très satisfait ☐ Satisfait ☐ Peu satisfait ☐ Non satisfait	

Études *benchmarking*	☐ Très satisfait ☐ Satisfait ☐ Peu satisfait ☐ Non satisfait
Taux de satisfaction des partenaires	
Taux de satisfaction Clients externes	

Gestion de la relation client	
Capacité du service contrôle de gestion à prendre en compte les besoins spécifiques de ses clients	☐ Très satisfait ☐ Satisfait ☐ Peu satisfait ☐ Non satisfait
Capacité du service contrôle de gestion à expliquer les différentes productions qu'il réalise	☐ Très satisfait ☐ Satisfait ☐ Peu satisfait ☐ Non satisfait
Capacité du service contrôle de gestion à aider le management pour effectuer des diagnostics et pour prendre des décisions	☐ Très satisfait ☐ Satisfait ☐ Peu satisfait ☐ Non satisfait
Capacité du service contrôle de gestion à mettre à disposition tous les états de gestion de l'entreprise	☐ Très satisfait ☐ Satisfait ☐ Peu satisfait ☐ Non satisfait
Capacité du service contrôle de gestion à être accessible facilement	☐ Très satisfait ☐ Satisfait ☐ Peu satisfait ☐ Non satisfait
Taux de satisfaction de la relation client	
Taux de satisfaction global	

Aux trois grandes catégories de clients énoncées précédemment, il est possible d'ajouter une liste de questions concernant la qualité de la relation de service que la fonction contrôle de gestion entretient avec ses clients. Toutes ces rubriques et questions peuvent être traitées de manière égalitaire ou avoir des coefficients différents pour montrer leur importance dans le calcul du taux de satisfaction.

Le taux de satisfaction client

Les réponses aux questions précédentes permettent d'obtenir les résultats suivants sous la forme de taux de satisfaction global et à différents niveaux, pour établir simultanément une évaluation et un diagnostic pouvant ouvrir sur un plan d'actions.

Taux de satisfaction client

Clients	Taux de satisfaction
Directeur	65 %
Directeurs adjoints	60 %
Comité de direction	45 %
Direction générale	57 %
Manager de structure	47 %
Manager d'équipes	33 %
Manager de processus	35 %
Management	38 %
Clients	25 %
Fournisseurs	25 %
Partenaires	60 %
Clients Externes	37 %
Qualité de service	41 %
Taux global	**43 %**

Figure 33 : Taux de satisfaction client

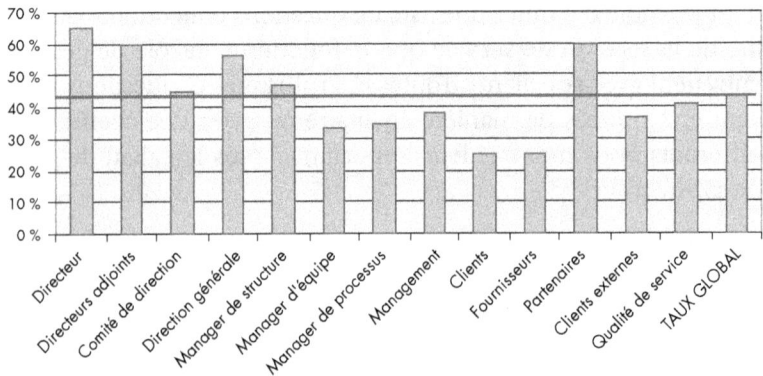

Figure 34 : Analyse du niveau de satisfaction par type de clients

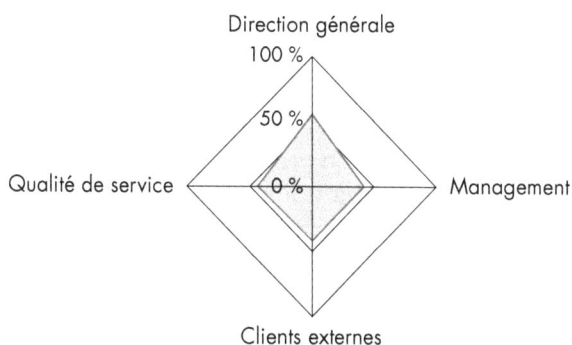

Direction générale
100 %

50 %

Qualité de service ← 0 % → Management

Clients externes

Ces graphiques servent à expliquer le taux de satisfaction client global et permettent d'analyser ce taux par types de clients pour identifier les zones de progrès. En fonction de sa valeur, le taux de satisfaction client illustre quatre configurations types de la fonction contrôle de gestion, comme l'illustre la figure suivante.

Figure 35 : Baromètre du taux de satisfaction client

Taux de satisfaction

100
75   Qualité de service
50   Écoute client
25   Amélioration client
0   Rupture client

Un service de contrôle de gestion qui bénéficie d'une **qualité de service** dénote une capacité à offrir à ses clients les prestations les plus adaptées à leurs besoins, mais également un sens de l'écoute, de l'explication et de l'exploitation de ces mêmes prestations. Cela se produit lorsque le contrôle de gestion se met en relation « client/fournisseur » et cherche à comprendre les besoins des clients pour adapter les prestations.

L'écoute client représente un contrôle de gestion qui sait être attentif aux besoins de ses clients, sans être en mesure d'y répondre systématiquement en raison de ses faiblesses au niveau des moyens structurels (volume et compétences). Les relations entretenues avec les bénéficiaires sont bonnes et se caractérisent par des rencontres régulières pour l'explication et l'exploitation des différents états de gestion produits. Par rapport à la situation précédente, l'écoute client a une moindre capacité de transformation des prestations : elle ne répond pas pleinement aux attentes des décisionnels et managers.

L'amélioration client stigmatise un état où les demandes clients ne sont pas toujours prises en compte. Les prestations du contrôle de gestion ne sont pas toutes jugées pertinentes, et les remontées des bénéficiaires dans ce sens ne sont pas systématiquement traitées en tant que telles. La partie relationnelle qui concerne les échanges avec les décisionnels et plus particulièrement les managers est très faible. Le contrôle de gestion réalise ses prestations, les adresse aux différents bénéficiaires, en privilégiant la direction au détriment des managers. Ces derniers sont souvent sollicités pour faire remonter des informations de gestion dans le cadre des différents *reportings* sans avoir de retours en échange.

La rupture client est une situation de crise. Le contrôle de gestion n'est plus jugé légitime pour les bénéficiaires, et plus particulièrement pour les managers, qui le perçoivent comme un outil de contrôle/vérification destiné à centraliser l'information de gestion pour la direction. Les outils de gestion ne sont pas reconnus comme pertinents pour les bénéficiaires qui ne peuvent les utiliser, ou très difficilement, pour leurs besoins de gestion. L'aspect relationnel/échange avec les bénéficiaires est généralement absent, ce qui marque une coupure entre les contrôleurs et les contrôlés. Dans une telle situation, il est urgent de revoir les prestations, le positionnement, les compétences et l'organisation du contrôle de gestion pour que les relations avec les clients s'améliorent.

Synthèse

Dans une démarche qualité, plaçant le client et sa satisfaction au centre d'une bonne gestion, l'analyse de la satisfaction nous permet de confronter des prestations et des modes relationnels avec des clients (majoritairement internes) dont les besoins et les attentes doivent être traités au mieux. Le référentiel, le questionnaire et le baromètre de la satisfaction client sont des outils qui nous permettent de formaliser ce point, de l'analyser et d'y apporter des solutions.

L'axe clients est le quatrième et dernier niveau d'analyse du modèle MEF. Il complète l'axe activités, compétences et organisation. Ces quatre axes peuvent être traités indépendamment ou bien associés pour construire un taux de référence global.

Chapitre 7

L'évaluation globale de la fonction contrôle de gestion

■ L'analyse globale de la fonction contrôle de gestion
■ Le baromètre de la performance globale
■ Les démarches d'amélioration de la fonction contrôle de gestion

Cette partie consiste à fournir l'analyse commune des quatre pôles traités indépendamment dans les quatre chapitres précédents. Les quatre taux analysant le périmètre d'activités, le niveau de compétences, les ressources allouées et la satisfaction des clients, sont combinés pour déterminer un taux global de performance fonctionnelle, ce qui permet de donner une cotation de la fonction avec les critères explicatifs de cette même cotation. Cela permet de positionner la fonction contrôle de gestion dans une échelle et de lui associer un type dont les caractéristiques seront autant d'éléments d'appréciation de son fonctionnement et de sa progression.

L'analyse globale de la fonction contrôle de gestion

L'administration des questionnaires et l'utilisation des référentiels d'activités, de compétences, de support structurel et de satisfaction client, permettent d'obtenir différentes évaluations dont l'ensemble peut se résumer par le tableau suivant (il peut être réalisé sous Excel ou automatiquement, par une application informatique qui gère simultanément les différents questionnaires et l'administration des résultats.

Synthèse des évaluations fonctionnelles

Les thèmes d'évaluation	Évaluation
Activités schémas analytiques	55 %
Activités costing	55 %
Activités budgétaires	80 %
Activités tableaux de bord	60 %
Activités évaluations	60 %
Activités benchmarking	10 %
Activités informatique gestion	10 %
Activités gestion des actifs	60 %
Taux d'activités	**49 %**
Savoirs techniques	40 %
Savoirs comportementaux	45 %
Savoirs métier	20 %
Taux de maîtrise des compétences	**35 %**
Positionnement	75 %
Fonctionnement	30 %
Ressources	45 %
Taux de support structurel	**50 %**
Direction générale	57 %
Management	25 %
Clients externes	37 %
Qualité de service	15 %
Taux de satisfaction client	**34 %**
Taux de performance global	**42 %**

Ces différents chiffres peuvent être présentés sous la forme de graphiques, comme le montrent les figures suivantes, pour une meilleure appréciation des différences et des thèmes qui seront le plus à travailler.

Figure 36: Les branches de l'évaluation fonctionnelle

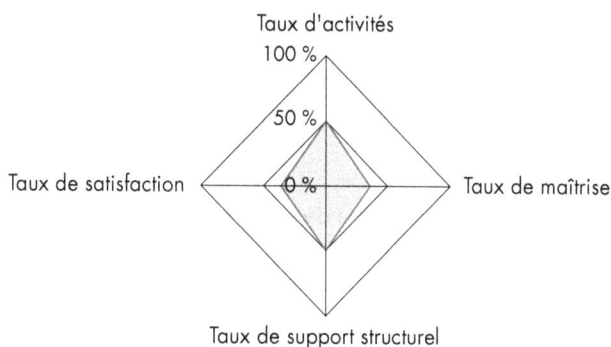

Figure 37 : Histogramme des taux composant le taux de performance global

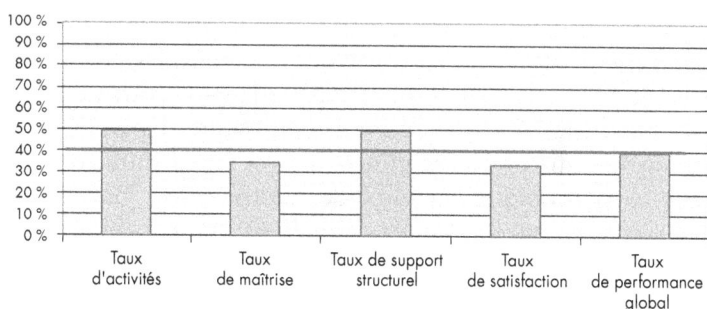

L'analyse de chacun des thèmes a été abordée lors des chapitres précédents. Nous nous focaliserons donc uniquement sur l'analyse de la performance globale avec un baromètre, comme pour l'analyse des quatre dimensions dans le chapitre 8.

Le baromètre de la performance globale

Le baromètre en quatre dimensions

Le baromètre global, en tant que moyenne simple ou pondérée (si l'on veut attribuer un poids plus important à l'une des quatre variables) des quatre dimensions, nous donne une évaluation de la performance globale de la fonction contrôle de gestion par une valeur quantitative comprise entre 0 et 100, et des indications qualitatives permettant de situer le niveau de la fonction analysée.

Figure 38 : Baromètre de la performance globale

Taux de performance

```
100 ┌─┐  ..........................
    │ │  Excellente
 75 │ │  ..........................
    │ │  Satisfaisante
 50 │ │  ..........................
    │ │  À améliorer
 25▶│ │  ..........................
    │ │  À risques
  0 └─┘  ..........................
```

Le baromètre global de performance est un indicateur qui joue le rôle de mise en alerte des principaux responsables de l'entreprise. Les pistes d'actions à mettre en œuvre dépendent de la composition du baromètre global. S'il est faible en raison d'une valeur catastrophique du taux de maîtrise des compétences, alors il faudra mettre en œuvre des actions de formations comme cela est précisé dans le chapitre 4. Les actions à mener sont contenues dans les chapitres 3, 4, 5 et 6, qui développent les quatre axes et les quatre baromètres Activités, Compétences, Organisation et Clients.

La fonction excellente illustre une situation où le taux de performance est supérieur à 75 %, obtenu par des valeurs fortes et/ou moyennes sur les quatre dimensions. La fonction contrôle de gestion remplit pleinement ses objectifs et se positionne comme un domaine d'excellence pour l'entreprise. Elle devient un domaine de pointe caractérisé par la performance et l'innovation. Le seul objectif consiste à maintenir cet état d'excellence.

La fonction satisfaisante est caractérisée par un taux de performance oscillant entre 50 % et 75 %. Ce qui est réalisé par la fonction contrôle de gestion est acceptable. Elle remplit son contrat sans innovation ni zèle particulier. Cette notion de réalisation *a minima* de ce qui a été demandé peut être variable selon les dimensions. Ce taux moyen peut être obtenu par un niveau élevé sur quelques dimensions et des taux très bas sur d'autres. Les thèmes à améliorer devront faire l'objet d'un plan d'actions à court ou moyen terme.

La fonction à améliorer correspond à un taux de performance se situant entre 25 % et 50 %. Avec une telle évaluation, il n'y a pas de domaine d'excellence, mais des valeurs moyennes et basses, faisant état d'une situation où le contrôle de gestion répond de manière partielle à ses obligations et aux attentes de ses clients. Il y a de grosses lacunes à corriger en analysant les raisons et en évaluant les modalités de transformation envisageables à moyen terme.

La fonction à risques est qualifiée par un taux de performance inférieur à 25 %. Ce taux est généralement obtenu par des taux très faibles (inférieurs à 25 %) dans l'ensemble des quatre dimensions de l'analyse. Cette situation fait état d'un fonctionnement très dégradé de la fonction contrôle de gestion, qui ne lui permet plus de réaliser le minimum qui lui est demandé, avec des risques très forts de non-réalisation d'activités, de productions bâclées et d'états de gestion faux. Ces incidents décrédibilisent la fonction. Les décisionnels et managers ne disposent plus des informations suffisantes pour piloter l'activité. Dans ce cas, il est urgent de mettre en place un plan de redressement de la fonction avec des actions de restructuration sur l'ensemble des quatre dimensions.

La synthèse des quatre baromètres

La figure suivante illustre un panorama des quatre baromètres et de la synthèse. En dessous de chaque baromètre, on peut faire figurer les variables les plus fortes et les plus faibles pour identifier les raisons de cette évaluation. Il est également possible de faire des courbes d'évolution dans le temps pour apprécier les effets des actions entreprises.

Figure 39 : Ensemble des baromètres de l'évaluation fonctionnelle

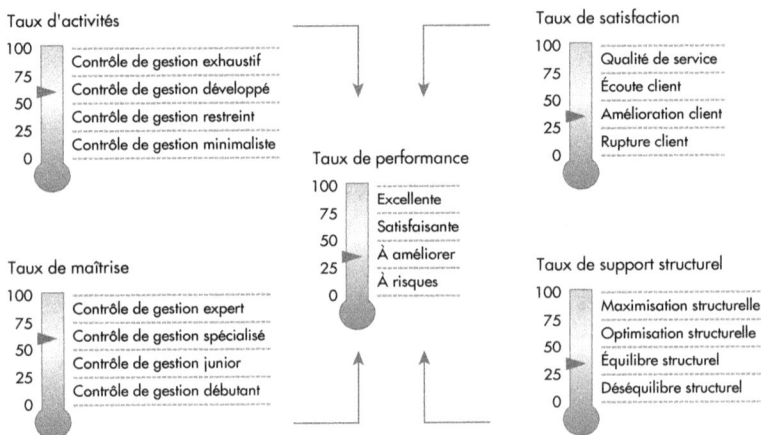

Taux d'activités

100	Contrôle de gestion exhaustif
75	Contrôle de gestion développé
50	Contrôle de gestion restreint
25	Contrôle de gestion minimaliste
0	

Taux de satisfaction

100	Qualité de service
75	Écoute client
50	Amélioration client
25	Rupture client
0	

Taux de performance

100	Excellente
75	Satisfaisante
50	À améliorer
25	À risques
0	

Taux de maîtrise

100	Contrôle de gestion expert
75	Contrôle de gestion spécialisé
50	Contrôle de gestion junior
25	Contrôle de gestion débutant
0	

Taux de support structurel

100	Maximisation structurelle
75	Optimisation structurelle
50	Équilibre structurel
25	Déséquilibre structurel
0	

Les démarches d'amélioration de la fonction contrôle de gestion

Les résultats obtenus avec le taux de performance global, le taux d'activités, le taux de maîtrise, le taux de support structurel et le taux de satisfaction sont des repères de gestion en tant que tels, mais peuvent également être utilisés pour la construction de matrices aidant à définir les démarches d'amélioration de la fonction contrôle de gestion.

Ces matrices permettent de compléter les analyses précédentes et de positionner la fonction contrôle de gestion dans des catégories illustrant leur niveau de performance.

La matrice d'analyse stratégique

En fonction des entreprises, la fonction contrôle de gestion aura une importance stratégique plus ou moins importante. Dans l'absolu, cette fonction est importante, mais il peut arriver que les dispositifs de contrôle soient orientés différemment par rapport aux produits, à l'activité, à l'histoire et à la culture de l'entreprise, et que ceux-ci soient confiés à d'autres acteurs-contrôleurs. Dans les milieux industriels, la qualité est très importante et peut être positionnée comme le dispositif de contrôle principal. Dans d'autres organisations, les notions financières sont primordiales et peuvent être traitées par les directions financières. Il est important pour une entreprise de rapporter l'évaluation de la performance au positionnement qu'elle donne ou entend donner à la fonction contrôle de gestion.

Pour cela, nous vous proposons la matrice d'analyse stratégique qui catégorise la fonction selon deux axes, l'importance stratégique et le taux de performance. Le taux de performance global n'est pas traité de manière absolue mais en fonction de l'importance donnée au contrôle de gestion dans l'entreprise. Cela permet également de mettre les directions générales en situation de choix : quel rôle veulent-elles donner au contrôle de gestion et est-ce pour elles une fonction stratégique dans l'entreprise ? Une fonction contrôle de gestion qui a un taux de performance faible mais vis-à-vis de laquelle il n'existe pas une demande stratégique très forte ne sera pas analysée de la même manière qu'une fonction contrôle de gestion avec un rôle de suivi de la réalisation de la stratégie d'entreprise. Pour cela, nous proposons la matrice suivante qui donne une autre lecture du taux de performance global et qui invite les responsables d'entreprises à déterminer le positionnement stratégique de la fonction.

Figure 40 : Matrice d'analyse stratégique du contrôle de gestion

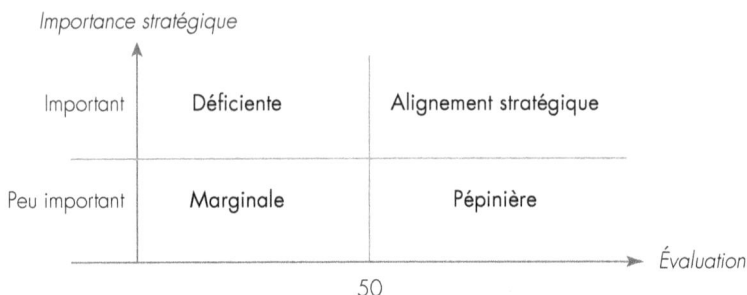

Importance stratégique

Important	Déficiente	Alignement stratégique
Peu important	Marginale	Pépinière

→ *Évaluation*

50

La fonction marginale

Si l'importance du contrôle de gestion est faible ou moyenne, et que celle-ci est réduite à des tâches de traitement d'informations postcomptables, la fonction sera réputée marginale ou en pépinière. Une fonction est qualifiée de « marginale » si son taux de performance est faible (inférieur à 50). Dans un niveau de risque acceptable, la fonction est limitée à quelques activités particulières, et son absence dans les autres domaines est justifiée par le périmètre d'intervention en relation avec son positionnement stratégique.

La fonction en pépinière

Si le taux est supérieur à 50, cela signifie que la fonction contrôle de gestion développe des activités, prestations, dispositifs et compétences sans que cela soit demandé et pleinement exploité. Ce potentiel d'expérimentation fait émerger une fonction dite « en pépinière » qui permettra par la suite de développer des pratiques de gestion.

La fonction d'alignement stratégique

La problématique est très différente lorsque la fonction contrôle de gestion est considérée et positionnée comme une fonction stratégique dans l'entreprise. Dans ce cas, son taux de performance ne doit pas être inférieur à 50. Il est très important que la fonction vise la situation d'alignement stratégique avec un taux de performance supérieur à 50 : cela signifie qu'elle réalise les activités dont elle a la charge, qu'elle dispose d'une main-d'œuvre qualifiée, que ses ressources et son fonctionnement correspondent à son niveau et volume d'activités, et que ses clients sont satisfaits.

La fonction déficiente

Dans le cas contraire, la situation est plus alarmante, car la fonction contrôle de gestion est jugée très importante, mais son taux de performance est inférieur à 50. Elle est alors jugée déficiente au regard des objectifs qui lui sont assignés. Ici, il est indispensable de mettre en place un plan d'actions visant à corriger les dérives identifiées par l'analyse des quatre dimensions de la performance fonctionnelle.

La matrice d'analyse multidimensionnelle

La matrice d'analyse multidimensionnelle permet d'établir un diagnostic qualitatif à partir des quatre taux constituant le taux de performance global. Cette matrice distingue en ordonnées les quatre niveaux d'analyse du modèle (clients, compétences, activités, organisations), et en abscisses les taux de performance. Toutes les valeurs du taux n'y figurent pas : il y a seulement la valeur centrale de 50 qui permet de distinguer un environnement de performance d'un environnement de contre-performance. Ainsi, pour chaque niveau, nous pouvons identifier un type de contrôle de gestion performant et un type nécessitant des évolutions et des transformations.

La matrice d'analyse multidimensionnelle permet d'associer aux mesures des taux des caractéristiques qualitatives caractérisant le fonctionnement d'un service contrôle de gestion. Ces renseignements qualitatifs utilisent des éléments de langage pour sensibiliser et mobiliser les différents acteurs du contrôle de gestion afin que ceux-ci prennent conscience de la situation et s'engagent dans un plan d'actions.

Figure 41 : Matrice d'analyse qualitative du contrôle de gestion

Niveaux

Clients	Contrôle de gestion autocentré	Contrôle de gestion orienté client
Activités	Contrôle de gestion réduit	Contrôle de gestion étendu
Compétences	Contrôle de gestion à professionnaliser	Contrôle de gestion compétent
Organisations	Contrôle de gestion sous-dimensionné	Contrôle de gestion dimensionné

Taux

50

Au niveau clients

Le contrôle de gestion orienté client fait état de pratiques en accord avec les demandes des clients, et d'un mode relationnel qui vise à recueillir leurs besoins, à leur expliquer les différences de gestion et la façon dont ils peuvent les utiliser pour le pilotage de leur activité.

Le contrôle de gestion autocentré renvoie au fonctionnement d'un service qui réalise ses activités en se souciant un minimum de la manière dont ces dernières donnent satisfaction aux clients, qu'ils soient internes ou externes. Cela peut être dû à un enfermement fonctionnel ou à une méconnaissance de la démarche client/fournisseur.

Au niveau activités

Le contrôle de gestion étendu indique que la fonction réalise au moins 50 % du référentiel d'activités ; elle se positionne ainsi comme un contrôle de gestion à la fois généraliste (qui réalise tout) et spécialiste (qui développe certaines activités en réponse aux besoins des clients).

Le contrôle de gestion réduit traduit un fonctionnement qui réalise moins de 50 % des activités du référentiel ; il fait ainsi courir le risque à l'entreprise de ne pas disposer d'outils et d'états de gestion pour son pilotage. Cela peut être dû à un problème de compétences et/ou de ressources.

Au niveau compétences

Le contrôle de gestion compétent montre une bonne maîtrise par l'équipe des principales compétences jugées indispensables à la réalisation de la mission. Même si certaines compétences ne sont pas couvertes, elles peuvent être trouvées ponctuellement à l'extérieur et ne sont peut-être pas nécessaires pour la bonne gestion de l'entreprise.

Le contrôle de gestion à professionnaliser traduit une situation de crise à laquelle il est important de remédier. Des compétences jugées indispensables ne sont pas ou insuffisamment maîtrisées par les contrôleurs de gestion. Cela peut être le résultat de recrutements déficients ou d'une évolution des demandes de gestion qui n'a pas été accompagnée de dispositifs de formation et de professionnalisation.

Au niveau structure

Le contrôle de gestion dimensionné décrit un ensemble de ressources en adéquation avec le positionnement et les besoins de l'entreprise. Le service contrôle de gestion ne peut pas invoquer le manque de ressources pour justifier d'activités qu'il ne réalise pas. Les ressources qui lui sont allouées lui permettent de réaliser la mission qui lui incombe.

Le contrôle de gestion sous-dimensionné fait état d'un manque de ressources, d'un mauvais positionnement ou d'un fonctionnement déficient ne lui permettant pas de réaliser au mieux ce qui lui est demandé. Dans ce cas, il est nécessaire de procéder à une action de restructuration/redimensionnement du service pour qu'il retrouve les moyens de son action.

Synthèse

La synthèse des quatre axes permet l'obtention d'un taux de performance global qui constitue une cotation de la fonction contrôle de gestion dans son ensemble. Ce taux de performance global peut être utilisé pour comparer le service contrôle de gestion d'une entreprise avec celui d'autres organisations. Cette mesure peut être analysée dans le temps pour apprécier son évolution en fonction des actions d'amélioration entreprises. Ce taux peut également être intégré dans le tableau de bord général de l'entreprise et être utilisé comme une variable de gestion permettant une prise de conscience de la situation et la proposition d'amélioration par les principaux intéressés.

Chapitre 8

Exemples d'utilisation du modèle d'évaluation fonctionnelle du contrôle de gestion

▓ Cas n° 1 : alignement stratégique de la fonction contrôle de gestion

▓ Cas n° 2 : plan de formation et réorganisation du contrôle de gestion pour un groupe hospitalier

▓ Cas n° 3 : réingénierie de la fonction contrôle de gestion en situation de fusion

▓ Cas n° 4 : sous-traitance du contrôle de gestion pour une PME

▓ Cas n° 5 : informatisation sous intranet des états de gestion

Le modèle d'évaluation fonctionnelle (MEF), appliqué à la fonction contrôle de gestion, constitue une grille de diagnostics et de mesures qui permet de répondre à de nombreuses questions de management. Il est possible d'utiliser l'ensemble du modèle pour réaliser un diagnostic global, ou de mobiliser un des quatre pôles pour traiter une question spécifique. Même si on utilise plus particulièrement les résultats d'un pôle, il est intéressant de réaliser les mesures sur les autres pôles comme des pistes d'explications. Par exemple, un taux de satisfaction faible pourra être expliqué par un taux de compétences ou un taux d'activités faible. Un taux d'activités faible peut être lié à un mauvais dimensionnement de l'équipe.

Les questions générales traitent de l'apport de valeur de la fonction pour l'entreprise et de l'optimisation des ressources allouées, comme le montrent les interrogations suivantes :

▸ Est-ce que le service contrôle de gestion est en situation d'apporter de la valeur aux processus productifs et à l'ensemble de l'entreprise ?

▸ Les ressources allouées à la fonction contrôle de gestion sont-elles suffisantes et optimisées ?

▸ Quelle est la meilleure combinaison de ressources et d'activités pour la fonction contrôle de gestion ?

Les questions spécifiques de management sont multiples. Elles peuvent émaner d'une direction générale, d'un responsable du service contrôle de gestion ou des managers opérationnels. La liste suivante donne un aperçu des principales questions de management de la fonction :

▸ Est-ce que le service contrôle de gestion réalise toutes les activités qu'il devrait réaliser ?

▸ Les activités du contrôle de gestion sont-elles adaptées aux besoins de pilotage de la stratégie de l'entreprise ?

▸ Notre système de pilotage est-il adapté aux besoins et à la culture de l'entreprise ?

▸ Le contrôle de gestion est-il à la pointe de l'innovation en terme de pilotage ?

▸ Les contrôleurs de gestion sont-ils compétents ?

▸ Les contrôleurs de gestion ont-ils une bonne connaissance des métiers de l'entreprise ?

▸ Le service contrôle de gestion dispose-t-il des compétences comportementales et relationnelles souhaitées ?

▸ Le service contrôle de gestion est-il bien dimensionné en termes de ressources par rapport à ce qui lui est demandé ?

▸ Le service contrôle de gestion coûte-t-il trop cher ?

» Le service contrôle de gestion est-il bien positionné dans l'organisation, de telle manière qu'il soit accessible et qu'il dispose des informations nécessaires ?

» Qui sont les clients du contrôle de gestion ?

» Quel est le niveau de satisfaction des clients du contrôle de gestion ?

» Les contrôleurs de gestion savent-ils se créer un réseau interne d'interlocuteurs ?

Avec l'objectif de vous donner des clés pour mobiliser concrètement le modèle présenté, nous vous proposons cinq cas d'entreprise. Pour chaque cas d'entreprise, nous avons décrit comment le modèle MEF avait été utilisé pour répondre à des questions de pilotage de la fonction contrôle de gestion au travers de trois rubriques : contexte d'entreprise, diagnostic MEF, solutions mises en œuvre.

Cas n° 1 : alignement stratégique de la fonction contrôle de gestion

Contexte d'entreprise

Le service contrôle de gestion d'une société de distribution est composé de trois personnes. La société est constituée d'une base achat et logistique de quatre cents personnes, et livre un réseau de 2 500 magasins répartis sur le territoire français. L'activité du contrôle de gestion consiste à réaliser et suivre les budgets des 15 services et à faire des études de coûts à partir d'une comptabilité analytique ; le service contrôle de gestion est intégré dans le département comptabilité de la direction financière.

Les critiques émises par le directeur à l'égard du contrôle de gestion sont les suivantes : celui-ci est trop centré sur le dispositif budgétaire et ne développe pas d'outils sur l'analyse de la rentabilité globale des actifs. Le directeur souhaite mettre en place un projet d'optimisation de ses capacités de production pour augmenter son niveau d'activité sans inflation des charges fixes d'infrastructure.

Diagnostic MEF

Avec l'objectif de mettre le service contrôle de gestion en situation de changement, le modèle d'évaluation fonctionnelle et sa grille de diagnostics ont été mobilisés. L'objectivation de l'évaluation doit mettre les contrôleurs de gestion face aux réalités et les obliger à proposer des actions de correction. Le modèle d'évaluation fonctionnelle a été réalisé et a permis l'obtention des résultats suivants.

Diagnostic MEF du cas n° 1

Rubriques	Taux
Taux d'activités	*33 %*
Activités schémas analytiques	60 %
Activités *costing*	60 %
Activités budgétaires	80 %
Activités tableaux de bord	40 %
Activités évaluations	0 %
Activités *benchmarking*	0 %
Activités informatique gestion	10 %
Activités gestion des actifs	10 %
Taux de compétences	53 %
Compétences techniques	75 %
Compétences comportementales	40 %
Compétences métier	45 %
Taux de support structurel	*67 %*
Positionnement	70 %
Fonctionnement	50 %
Ressources	80 %
Taux de satisfaction client	*28 %*
Direction	20 %
Managers	35 %
Externes	10 %
Qualité de service	45 %
TAUX DE PERFORMANCE GLOBAL	**45 %**

Figure 42 : Taux de performance global du cas n° 1

Taux de performance

100
75
50
25
0

Excellente
Satisfaisante
À améliorer
À risques

Le taux global de performance est de 42 %, ce qui révèle une situation où la fonction contrôle de gestion diagnostiquée peut être qualifiée de service à améliorer. Cette évaluation fait apparaître les explications de ce taux avec des valeurs très faibles pour « activités » et « clients ». La structure est bien dimensionnée, mais certaines activités ne sont pas réalisées alors que les compétences sont présentes. Cela signifie que le service ne réalise pas toutes les activités attendues, notamment par la direction générale. Cette non-réalisation n'est pas due à un problème de dimensionnement structurel et de compétences, mais au fait que l'activité n'est pas alignée aux besoins de pilotage de la direction : celle-ci désire augmenter la rentabilité de ses investissements, et le taux d'activités lié à la gestion des actifs n'est que de 10 %.

Solutions mises en œuvre

À la suite de cette évaluation, la mission et les objectifs du service contrôle de gestion ont été revus : celui-ci a dû mettre en place, pour le compte de la direction générale, un dispositif de *Yield Management* et de recherche d'optimisation des capacités logistiques de l'entreprise. Le principal intérêt du diagnostic a été de donner la preuve au service contrôle de gestion que son fonctionnement ne correspondait pas aux attentes et que ce décalage pouvait se mesurer et être suivi dans le temps.

Cas n° 2 : plan de formation et réorganisation du contrôle de gestion pour un groupe hospitalier

Contexte d'entreprise

Un groupe hospitalier composé de trois établissements dispose d'un service comptabilité de gestion de dix personnes organisé en deux pôles.

Le pôle budgétaire, composé de sept personnes, réalise les tâches suivantes :

- l'élaboration des budgets, des décisions modificatives budgétaires et des comptes administratifs des trois entités ;
- la gestion de la trésorerie (dépenses, recettes) ;
- la gestion des conventions financières et médicales ;
- la gestion et le suivi de divers dossiers comme la taxe d'apprentissage, les impôts, etc.

Le pôle analytique, composé de trois personnes, réalise les tâches suivantes :

- le retraitement comptable : celui-ci a pour objectif de déterminer un coût par « section d'imputation », comme une urgence ou une hospitalisation à domicile. Le service gère environ une dizaine de sections d'imputation ;
- l'étude des coûts : l'objectif est de produire une échelle des coûts des séjours qui tienne compte de la totalité des charges supportées par un établissement de santé.

Ce service mêle des activités de contrôle de gestion et de comptabilité, voire de finance. Le directeur du groupement souhaiterait avoir un département contrôle de gestion à part entière pour qu'il réalise des études d'investissement, mais il ne sait pas si le personnel serait compétent. Avec l'objectif de réaliser une réorganisation et un plan de formation, l'outil de diagnostic a été mobilisé.

Diagnostic MEF

Le taux de performance de 23 % peut être interprété comme une contre-performance. Cela est à nuancer au regard du référentiel utilisé. Ce taux fait état de ce qui est réalisé par rapport à un référentiel théorique, mais en aucun cas d'une évaluation qualitative de ce qui se fait. Ce chiffre s'explique par des activités non réalisées et pour lesquelles les personnes en place ne possèdent pas les compétences correspondantes. L'organisation n'est pas jugée performante en raison du fait que les activités du contrôle de gestion sont mêlées à celles de la comptabilité générale et de la comptabilité de gestion. Nous avons affaire à une activité contrôle de gestion qui s'est constituée au gré des besoins dans un service comptable et qui doit se réorganiser. Les productions du contrôle de gestion étant exclusivement à destination du directeur, les managers ne peuvent se prononcer sur des productions dont ils ne bénéficient pas. Cette rubrique peut d'ailleurs faire prendre conscience à un dirigeant de l'intérêt qu'il a à diffuser des états de gestion et à responsabiliser au maximum les managers.

Diagnostic MEF du cas n° 2

Rubriques	Taux
Taux d'activités	33 %
Activités schémas analytiques	80 %
Activités gestion des coûts	80 %
Activités budgétaires	80 %
Activités tableaux de bord	20 %
Activités évaluations	0 %
Activités Benchmarking	0 %
Activités informatique de gestion	0 %
Activités gestion des actifs	0 %
Taux de maîtrise	30 %
Compétences techniques	50 %
Compétences comportementales	30 %
Compétences métier	10 %

Taux de support structurel	20 %
Positionnement	10 %
Fonctionnement	10 %
Ressources	40 %

Taux de satisfaction client	10 %
Direction	40 %
Managers	0 %
Externes	0 %
Qualité de service	0 %

TAUX DE PERFORMANCE GLOBAL	23 %

Figure 43 : Taux de performance global du cas n° 2

Taux de performance

100 — Excellente
75 — Satisfaisante
50 — À améliorer
25 — À risques
0

Solutions mises en œuvre

Ce diagnostic a servi de base à une réorganisation de l'activité contrôle de gestion de la manière suivante :

▶ Création d'un département contrôle de gestion sorti de la direction financière et rattaché à la direction générale. À l'intérieur de ce nouveau service, composé de deux personnes et d'un responsable, chaque contrôleur de gestion s'est vu attribué des secteurs d'activités avec l'objectif de réaliser tous les états de gestion pour leurs secteurs.

▶ Il a été demandé que chaque secteur d'activités bénéficie d'un dispositif budgétaire et d'un tableau de bord de performance à partir duquel seraient constitués les contrats de gestion avec les principaux responsables d'activités de l'entreprise.

〉 Il a également été demandé que les deux contrôleurs de gestion réalisent une réunion gestion une fois par trimestre avec les responsables des secteurs d'activités, pour diffuser la culture de gestion et établir un dialogue entre gestionnaires et opérationnels.

Toutes ces mesures ont été justifiées par les résultats du diagnostic qui a mis en évidence des dysfonctionnements à résoudre. De plus, le diagnostic sera réalisé tous les ans et servira d'outil de gestion pour la fonction contrôle de gestion.

Cas n° 3 : réingénierie de la fonction contrôle de gestion en situation de fusion

Contexte d'entreprise

Deux grands groupes internationaux ont fusionné et lancé un projet d'optimisation de leurs fonctions supports et notamment du contrôle de gestion. Avec l'objectif de réaliser une fusion qui ne soit pas uniquement une soustraction d'effectif mais une recherche d'optimisation et de bonnes pratiques entre les deux services de contrôle de gestion, cette entreprise a mobilisé le modèle d'évaluation fonctionnelle (MEF) et sa grille de diagnostics.

Diagnostic MEF

Une entreprise avait un contrôle de gestion centralisé et l'autre un contrôle de gestion décentralisé, avec les deux tiers de ses effectifs sur les sites opérationnels. Le baromètre de la performance a été déployé sur les deux équipes avec les résultats suivants.

Diagnostic MEF du cas n° 3

Entreprise 1 (Centralisé)		Entreprise 2 (Décentralisée)	
Rubriques	**Taux**	**Rubriques**	**Taux**
Taux d'activités	**55 %**	**Taux d'activités**	**46 %**
Activités schémas analytiques	80 %	Activités schémas analytiques	80 %
Activités gestion des coûts	50 %	Activités gestion des coûts	80 %
Activités budgétaires	80 %	Activités budgétaires	80 %
Activités tableaux de bord	60 %	Activités tableaux de bord	70 %
Activités évaluations	40 %	Activités évaluations	30 %
Activités *benchmarking*	30 %	Activités *benchmarking*	0 %
Activités informatique de gestion	50 %	Activités informatique de gestion	20 %
Activités gestion des actifs	50 %	Activités gestion des actifs	10 %
Taux de maîtrise	**57 %**	**Taux de maîtrise**	**70 %**
Compétences techniques	70 %	Compétences techniques	70 %
Compétences comportementales	70 %	Compétences comportementales	60 %
Compétences métier	30 %	Compétences métier	80 %
Taux de support structurel	**57 %**	**Taux de support structurel**	**65 %**
Positionnement	50 %	Positionnement	80 %
Fonctionnement	50 %	Fonctionnement	80 %
Ressources	70 %	Ressources	35 %
Taux de satisfaction client	**50 %**	**Taux de satisfaction client**	**60 %**
Direction	70 %	Direction	50 %
Managers	30 %	Manager	80 %
Qualité de service	50 %	Qualité de service	50 %
TAUX DE PERFORMANCE GLOBAL	**55 %**	**TAUX DE PERFORMANCE GLOBAL**	**60 %**

Figure 44 : Taux de performance global du cas n° 3

Taux de performance

100	Excellente
75	Satisfaisante
50	À améliorer
25	À risques
0	

Le taux de performance global entre les services contrôle de gestion des deux entités est relativement identique : 55 % pour l'entreprise 1 et 60 % pour l'entreprise 2. Pourtant, les deux structures ne sont pas comparables et révèlent des caractéristiques bien différentes. Le taux d'activités de l'entreprise 2 fait apparaître une absence totale ou partielle d'activités dans certains domaines comme la gestion des actifs ou le *benchmarking*, activités qui nécessitent des moyens plus centralisés. Ce n'est pas par incompétence, mais par manque de temps (la notion de ressource est évaluée à seulement 40 %) que les contrôleurs de gestion opérationnels, pris par les contraintes de production, ne peuvent réaliser des activités de synthèse nécessitant des informations qui ne sont pas dans leur périmètre. Du fait de l'organisation décentralisée, les contrôleurs de gestion ont une compétence métier bien supérieure à ceux de l'entreprise 1 ; ils sont plus appréciés par les managers du fait de la proximité qu'ils entretiennent avec ces derniers. Pour l'entreprise 1, le positionnement centralisé et le fonctionnement sont jugés moyens et ne permettent pas aux contrôleurs de gestion de réaliser leur activité en relation avec les besoins des managers opérationnels.

Solutions mises en œuvre

Dans ce cas, ce n'est pas tant le baromètre global qui est intéressant mais le comparatif entre les deux services. L'objectif du diagnostic de performance avec la grille est de pouvoir objectiver des différences et opter pour une synthèse des meilleures pratiques. La constitution du nouveau service contrôle de gestion a été réalisée en positionnant des contrôleurs de gestion au sein des unités opérationnelles, en appui des responsables. Pour leur permettre de réaliser des synthèses avec des informations qui dépassent leur périmètre, il a été mis en place un réseau des contrôleurs de gestion qui se réunissent tous les mois sous l'impulsion d'un contrôleur de gestion rattaché au contrôle de gestion du groupe. Pour pallier la faiblesse d'informatisation (dans les deux entreprises), certains contrôleurs de gestion ont été intégrés à une cellule centrale, appelée « système d'aide à la décision », pour mettre en place tous les systèmes informatiques d'aide à la décision et réaliser la professionnalisation des contrôleurs de gestion sur ce sujet.

Cas n° 4 : sous-traitance du contrôle de gestion pour une PME

Contexte d'entreprise

Dans le secteur de l'informatique, une PME de soixante personnes souhaite avoir une vue claire sur les missions attendues du contrôle de gestion, et une évaluation des ressources correspondantes. Les activités de contrôle de gestion sont réalisées par une personne du service comptabilité qui gère en même temps la facturation et la gestion de la trésorerie ; elles consistent en l'élaboration des budgets, des coûts standards et de quelques indicateurs de performance. Le directeur se pose la question de l'investissement nécessaire pour se doter d'une cellule contrôle de gestion ; il veut s'assurer que ce coût se justifie au regard de ses souhaits.

Diagnostic MEF

La grille d'analyse de la performance a donc été utilisée à double titre. Elle a été renseignée à partir de l'existant, en observant ce qui est fait par la personne en charge du contrôle de gestion. Elle a également été renseignée par le directeur en termes de souhaits sur ce qu'il aimerait pour sa future cellule contrôle de gestion. Les deux grilles ainsi obtenues ont permis d'établir des écarts et de les quantifier, en termes de ressources nécessaires, pour tenter de trouver un dimensionnement de la fonction en tenant compte des attentes et des contraintes de coûts.

Diagnostic MEF du cas n° 4

Grille - Existant		Grille - Souhaité	
Rubriques	Taux	Rubriques	Taux
Taux d'activités	40 %	Taux d'activités	66 %
Activités schémas analytiques	80 %	Activités schémas analytiques	80 %
Activités gestion des coûts	80 %	Activités gestion des coûts	80 %
Activités budgétaires	80 %	Activités budgétaires	80 %
Activités tableaux de bord	80 %	Activités tableaux de bord	80 %
Activités évaluations	0 %	Activités évaluations	70 %
Activités benchmarking	0 %	Activités benchmarking	0 %
Activités informatique de gestion	0 %	Activités informatique de gestion	70 %
Activités gestion des actifs	0 %	Activités gestion des actifs	70 %
Taux de maîtrise	33 %	Taux de maîtrise	60 %
Compétences techniques	50 %	Compétences techniques	80 %
Compétences comportementales	50 %	Compétences comportementales	50 %
Compétences métiers	0 %	Compétences métiers	50 %
Taux de support structurel	10 %	Taux de support structurel	Souhait d'avoir une personne à plein temps polycompétente et rattachée au directeur
Positionnement	10 %	Positionnement	
Fonctionnement	10 %	Fonctionnement	
Ressources	10 %	Ressources	
Taux de satisfaction client	30 %	Taux de satisfaction client	55 %
Direction	60 %	Direction	60 %
Managers	0 %	Managers	50 %
Externes	NU	Externes	NU
Qualité de service	NU	Qualité de service	NU
(NU : non utile)			
TAUX DE PERFORMANCE GLOBAL	28 %	TAUX DE PERFORMANCE GLOBAL	60 %

Le taux de performance de la grille « existant » est de 28 %, et celle « souhaité » est de 60 %. Les écarts constatés font apparaître les points suivants :

▶ Le directeur souhaiterait pouvoir bénéficier d'évaluations, d'un contrôle de gestion informatisé et d'études sur la gestion des actifs.

▶ Le directeur souhaiterait que la personne en charge du contrôle de gestion apporte des propositions en matière de gestion de la performance de son entreprise.

▶ En terme structurel, le fait que les activités de contrôle de gestion soient faites en plus d'une autre activité – et en seconde priorité – gêne le directeur dans l'organisation qu'il souhaiterait mettre en œuvre.

▶ Dernier point : le directeur souhaiterait que les productions de contrôle de gestion ne lui soient pas uniquement réservées, mais diffusées aux principaux managers, pour que les préoccupations gestionnaires soient partagées par un grand nombre.

Solutions mises en œuvre

Ce travail d'objectivation d'écarts entre l'existant et le souhaité à partir des grilles précédentes a mis le directeur de cette entreprise en situation de décision. Considérant que les activités qui lui manquaient (études de *benchmarking* et d'évaluation) sont de nature ponctuelle, il a mandaté l'expert comptable de la société pour les réaliser et pour construire une application informatique de production des tableaux de bord à partir du système informatique comptable. Il a également créé un poste de contrôleur de gestion avec la personne qui le réalisait partiellement sous l'appellation « *cash manager* », ayant en charge les budgets, la gestion des coûts et de la trésorerie.

Ce cas est une illustration de la modularité et de la souplesse du module MEF. L'important n'est pas tant de calculer un taux de performance global que d'analyser poste par poste les différences entre l'existant et le souhaité. Le modèle MEF constitue simultanément un outil de mesure, un langage commun et une méthode de travail.

Cas n° 5 : informatisation sous intranet des états de gestion

Contexte d'entreprise

Un cabinet de recrutement international a décidé de mettre sous intranet toutes les productions de contrôle de gestion pour que celles-ci soient accessibles par les managers à partir de l'intranet, dans une logique de système d'information décisionnel. La première étape de ce projet consistait à construire le site et à y intégrer les productions du contrôle de gestion les plus consultées par les différents clients. Cela changeait les outils, les méthodes de travail et la culture des contrôleurs de gestion et des managers.

Diagnostic MEF

Pour apprécier la compétence informatique des contrôleurs de gestion et avoir une appréciation des principaux clients du contrôle de gestion, la grille du diagnostic MEF a été déployée de manière partielle sur l'axe compétences et satisfaction client. L'axe compétences a été traité dans son ensemble, avec un zoom particulier sur les compétences informatiques des contrôleurs de gestion pour mesurer la formation nécessaire à ce projet pour cette catégorie.

Diagnostic MEF pour le cas n° 5

Rubriques	Taux
Taux de maîtrise	58 %
Compétences techniques	65 %
Compétences métiers	80 %
Compétences comportementales	50 %
Compétences informatiques	35 %

Diagnostic MEF Compétences du cas n° 5

Activités Informatique de gestion	Taux de maîtrise
1. Mettre les productions du contrôle de gestion sous un intranet	10 %
2. Créer un *datawarehouse* de gestion	50 %
3. Informatiser un dispositif budgétaire	45 %
4. Faire du contrôle de gestion avec un ERP (*Entreprise Ressources Planning* : Progiciel de gestion intégré)	50 %
5. Analyser les ressources informationnelles d'un SI (système d'information)	25 %
6. Être maîtrise d'ouvrage gestion pour des projets de système d'information	30 %
7. Savoir utiliser des outils de *datamining* et des EIS (*Executive Information System* : Système d'aide à la décision)	35 %
Taux de maîtrise compétences informatique de gestion	35 %

Diagnostic MEF Satisfaction clients du cas n° 5

Productions du contrôle de gestion	Satisfaction comité de direction
Tableau de bord des risques	20 %
Études statistiques sur les coûts et les marges	45 %
Suivi budgétaire	60 %
Business plan	60 %
Évaluations financières (EVA, EBITDA…)	60 %
Dossier d'investissement	65 %
Études *benchmarking*	65 %
Contrats de gestion	70 %
Tableau de bord stratégique	75 %
Schémas analytiques de l'entreprise	80 %
Calcul des coûts et prix de vente	80 %
Budget global de l'entreprise	80 %
Taux de satisfaction	63 %

Productions du contrôle de gestion	Satisfaction managers de terrain
Évaluations financières (EVA, EBITDA…)	20 %
Tableau de bord des risques	20 %
Budget global de l'entreprise	30 %
Schémas analytiques de l'entreprise	30 %
Tableau de bord stratégique	30 %
Études statistiques sur les coûts et les marges	35 %
Business plan	40 %
Études benchmarking	45 %
Contrats de gestion	60 %
Dossier d'investissement	70 %
Calcul des coûts et prix de vente	80 %
Suivi budgétaire	80 %
Taux de satisfaction	**45 %**

Le taux de compétences global de 58 % peut être jugé comme acceptable, mais son détail fait apparaître des inégalités très importantes à analyser pour le projet « d'intranetisation » du contrôle de gestion.

Le taux est tiré vers le haut par les bons scores aux compétences techniques et métiers, qui s'expliquent par le fait que les contrôleurs de gestion ont une forte ancienneté et ont bénéficié de formations tout au long de leur carrière. Les compétences comportementales sont moyennes et correspondent à un fonctionnement où les contrôleurs de gestion ne sont pas dans les directions opérationnelles, mais en central. Le taux de compétences en informatique (35 %) est alarmant au regard du projet. Il faudra réfléchir à une solution de professionnalisation aux outils informatiques et les mettre dans une dynamique de diagnostic et d'interrogation de leurs productions pour tenter de trouver de nouvelles manières de faire et d'innover.

Le taux de satisfaction a été calculé de manière détaillée et distincte pour les deux grands bénéficiaires du contrôle de gestion, qui sont les membres du comité de direction et les managers opérationnels. Les deux tableaux suivants donnent le détail de la satisfaction de ces deux groupes pour chacune des productions du contrôle de gestion. On voit clairement que le taux de satisfaction des dirigeants est plus élevé que celui des managers de terrain, ce qui révèle une orientation des productions pour la direction.

Solutions mises en œuvre

L'analyse des compétences a montré une faiblesse des compétences informatiques et plus particulièrement celles concernant les intranets et le métier de maîtrise d'ouvrage. Pour combler des déficits, les contrôleurs de gestion ont eu une formation sur les « technologies Web ». Dans le cadre du projet, ils ont été mis en binome avec un consultant expert en maîtrise d'ouvrage pour produire les documents de conception générale et détaillée, indispensables à la réalisation du projet.

L'analyse de la satisfaction a permis de signifier le travail de remaillage que devait engager le contrôle de gestion avec les managers opérationnels et d'utiliser le projet d'intranet gestion pour cela. Le taux de satisfaction par production a donné des indications quant à celles à privilégier pour leur déploiement sur un support intranet.

Synthèse

Ces illustrations montrent les différentes utilisations que l'on peut faire du modèle d'évaluation fonctionnelle, de sa grille opérationnelle et de sa cotation avec les baromètres, pour résoudre différentes problématiques gestionnaires liées à la fonction contrôle de gestion. Le modèle MEF s'inscrit comme un élément de langage de la performance, une méthodologie de travail et une grille de diagnostic adaptable et modulable.

Annexes

Bibliographie commentée en contrôle de gestion

Dans les chapitres précédents, nous avons déployé le modèle d'évaluation fonctionnelle (MEF) à la fonction contrôle de gestion. Le résultat de l'application de ce modèle a été d'administrer des questionnaires, en relation avec les différents référentiels, pour permettre une analyse thématique et globale conduisant à une évaluation de la fonction contrôle de gestion et, par-là même, une formalisation de sa performance. Pour vous aider dans la compréhension, la professionnalisation, l'apprentissage de techniques et pour trouver des pistes d'amélioration et de progression en rapport avec l'évaluation de la performance que vous avez pu réaliser avec le contenu de cet ouvrage, nous vous donnons une liste d'ouvrages commentée sur les thèmes et les problématiques actuelles de la fonction contrôle de gestion.

L'objet de notre ouvrage est de décrire une méthode d'évaluation plutôt que de traiter du contenu technique de la fonction ou de l'évolution de ce dernier. Un certain nombre d'ouvrages sont disponibles sur les techniques de contrôle de gestion, et nous vous proposons la liste suivante qui vous permettra de compléter l'évaluation fonctionnelle par un contenu technique. Il s'agit d'ouvrages généraux sur le métier et la fonction, d'ouvrages traitant de certaines techniques, d'ouvrages d'exercices pour vous entraîner à ces techniques, d'ouvrages de management abordant le thème du contrôle et d'ouvrages de système d'information.

Ouvrages généraux

M. Bollecker, *Les contrôleurs de gestion : l'histoire et les conditions d'exercice de la profession*, L'Harmattan, 2004.

Ouvrage de recherche qui fait état des études sur l'histoire de la fonction, ses périmètres d'intervention et ses activités de gestion.

X. Bouin et F. X. Simon, *Les nouveaux visages du contrôle de gestion*, Dunod, 2004.

Ouvrage général qui traite des nouvelles compétences du contrôleur de gestion dans l'environnement actuel des entreprises.

J. L. Malo et J. C. Mathé, *L'essentiel du contrôle de gestion*, Éditions d'Organisation, 2000.

Ouvrage de référence sur les pratiques de base et techniques du contrôle de gestion.

DFCG, *La mutation du contrôle de gestion*, Éditions d'Organisation, 2000.

Ouvrage collectif qui s'intéresse aux évolutions du métier et de la fonction contrôle de gestion par la principale association métier, l'Association des directeurs financiers et contrôleurs de gestion.

L. Collins, *Questions de contrôle*, PUF, 1999.

Ouvrage exploratoire sur la relation de contrôle en entreprise et les questions que cela peut poser en terme de coordination.

Y. Dupuy, *Faire de la recherche en contrôle de gestion*, Vuibert, 1999.

Méthodes et exemples de recherches académiques en contrôle de gestion.

R. Teller, *Le contrôle de gestion*, Éditions Management et Société, 1999.

Ouvrage de synthèse sur les principales pratiques « de base » et techniques du contrôle de gestion.

H. Löning et Y. Pesqueux, *Le contrôle de gestion*, Dunod, 1998.

Ouvrage à la fois technique et organisationnel sur les rôles et missions du contrôle de gestion.

P. Lorino, *Comptes et récits de la performance*, Éditions d'Organisation, 1995.

L'auteur nous invite dans une réflexion entre performance et contrôle à travers les notions d'ABC et ABM.

M. Gervais, *Contrôle de gestion*, Economica, 1997.

Ouvrage complet sur l'ensemble des techniques de contrôle de gestion et sur le « comment » de la fonction. À retenir : les limites des processus budgétaires.

H. Bouquin, *Les fondements du contrôle de gestion*, PUF, 1994.

Un « Que sais-je » très bien fait sur la fonction contrôle de gestion, qui permet de s'interroger sur le pourquoi de celle-ci.

H. Bouquin, *Le contrôle de gestion*, PUF, 1986.

L'auteur fait un travail d'explicitation à la fois historique, opérationnelle et théorique de la fonction contrôle de gestion en entreprise.

H. Bouquin, *Les grands auteurs en contrôle de gestion*, Éditions Management et Société, 2005.

Dans la collection des grands auteurs chez EMS, cet ouvrage nous donne des clés d'explications de nombreuses approches en contrôle de gestion, à travers les grands auteurs de cette discipline.

R.N. Anthony, *La fonction contrôle de gestion*, Publi-Union, 1988.

Traduction française de l'un des fondateurs américains du contrôle de gestion moderne, cet ouvrage est un essai sur la définition du métier de contrôle de gestion.

Ouvrages techniques

C. T. Horngren, *Contrôle de gestion et gestion budgétaire*, Pearson, 2006.

> Manuel avec beaucoup d'exercices et de cas d'application qui traite essentiellement de l'évaluation financière et des techniques budgétaires.

R. Kaplan et D.P. Norton, *Le tableau de bord prospectif*, Éditions d'Organisation, 2003.

> Présentation du modèle du *Balanced Scorecard* qui a révolutionné le monde des tableaux de bord et donné une approche de pilotage multiniveaux.

R. Kaplan et D.P. Norton, *Comment utiliser le tableau de bord prospectif*, Éditions d'Organisation, 2001.

> Un ouvrage uniquement d'exemples de déploiement de tableau de bord prospectif en entreprise.

A. Fernandez, *L'essentiel du tableau de bord*, Éditions d'Organisation, 2004.

> Un ouvrage didactique pour construire un tableau de bord opérationnel avec des fiches pratiques et des indications pour une informatisation sous Excel.

R. Demesteer, *Le contrôle de gestion dans le service public*, LGDJ, 2005.

> L'auteur traite d'un champ particulièrement intéressant qui est celui des techniques du contrôle de gestion dans le secteur public qui doit, dans le cadre de la LOLF, mettre en place un certain nombre d'outils de gestion.

J. P. Taïb, *Les tableaux de bord de la gestion sociale*, Dunod, 2004.

> Cet ouvrage pose la problématique du pilotage social dans une entreprise et propose des outils de diagnostic et des stratégies à mettre en œuvre.

B. Martory, *Le contrôle de gestion social*, Vuibert, 2000.

> Ouvrage de base sur les fondements du contrôle de gestion social avec ses objectifs, méthodes et outils.

B. Pigé et P. Lardy, *Reporting et contrôle de gestion*, EMS, 2003.

Un thème peu traité dans la littérature et qui est pourtant très réel dans les pratiques de la fonction contrôle de gestion : celui du *reporting*.

J. P. Sinsou, *Yield et revenu management*, Presses ITA, 1999.

Illustré par des applications dans le secteur des transports, cet ouvrage traite de la notion de *Yield Management* sous un angle mathématique.

A. Burlaud et C. Simon, *Comptabilité de gestion*, Vuibert, 2000.

Le pourquoi et le comment avec de nombreuses illustrations sur les techniques de comptabilité analytique et plus généralement sur celles de la comptabilité de gestion.

L. Ravignon, P. L. Bescos, M. Joalland, S. Le Bourgeois, A. Maléjac, *La méthode ABC/ABM*, Éditions d'Organisation, 1997.

Tout sur la méthode ABC et ses modalités de mise en œuvre. En complément de l'approche calculatoire sont proposés des conseils et méthodes pour initier un management par les activités.

B. Gumb, *Les outils du contrôle de gestion*, Éditions d'Organisation, 1999.

Une synthèse des outils mobilisables en contrôle de gestion.

M. Rouach et J. P. Naulleau, *Contrôle de gestion et stratégie dans la banque*, Essentiels de la banque, 2000.

Un des seuls ouvrages consacrés aux spécificités du contrôle de gestion dans le monde bancaire, qui fait état de la mise en œuvre adaptée des pratiques standard de la fonction.

P. Mevellec, *Le calcul des coûts dans les organisations*, La Découverte, 1995.

Un ouvrage de synthèse sur toutes les techniques de calcul des coûts avec des développements importants sur l'ABC.

R. Camp, *Le benchmarking*, Éditions d'Organisation, 1995.

Le seul et unique ouvrage qui traite de la notion de *benchmarking* et des modalités pratiques de réalisation.

Y. de Rongé, *Comptabilité de gestion,* Deboeck Université, 1998.

Une bonne description de la comptabilité analytique et plus généralement de la comptabilité de gestion.

R. Teller et P. Lauzel, *Contrôle de gestion et budgets*, Sirey, 1997.

Dans la lignée du contrôle de gestion budgétaire, ce livre passe en revue les techniques de prévision, de calcul des différents budgets et des écarts.

P. Lorino, *Le contrôle de gestion stratégique. La gestion par les activités*, Dunod, 1996.

Un bonne référence sur l'intérêt et les modalités de mise en place d'une gestion par activités, qui traite des dimensions organisationnelles en plus des notions techniques de calcul.

Ouvrages d'exercices

C. Alazard et S. Sépari, DECF, *Épreuve 7. Contrôle de gestion*, Dunod, 2005.

Tout pour préparer l'épreuve contrôle de gestion du DECF, très orientée sur les techniques de calcul.

S. Chatelain Ponroy, *Comptabilité de gestion,* Vuibert, 2000.

En relation avec l'ouvrage de Burlaud et Simon cité dans la rubrique précédente, ce livre donne de nombreuses illustrations des techniques de comptabilité de gestion.

C. Cossu et R. Milkoff, *Contrôle de Gestion*, Nathan, 1998.

Des exercices avec leurs corrections sur la comptabilité analytique et la gestion budgétaire.

C. Cossu et R. Milkoff, *Comptabilité de gestion*, Nathan, 1998.

Un ensemble d'exercices et d'études de cas avec leurs corrigés qui donne des illustrations concrètes des productions et des techniques de contrôle de gestion.

Ouvrages de management

S. Robbins et D. Decenzo, *Management*, Pearson, 2004.

Un manuel des principales théories et techniques du management qui traite de la relation de contrôle dans les entreprises.

Y. Mougin, *La cartographie des processus*, Éditions d'Organisation, 2004.

L'importance de la notion de processus dans les schémas de gestion des entreprises nécessite de disposer des techniques de formalisation et de gestion de ces derniers.

M.J. Hatch, *Théorie des organisations*, Deboeck Université, 2000.

Ouvrage sur les théories de l'organisation pour comprendre les modes de coordination et les attributs des techniques de contrôle correspondants.

G. Johnson et Scholes, *Stratégique*, Publi-Union, 2000.

Manuel avec beaucoup d'exemples sur le management stratégique qui traite de la relation stratégie/contrôle.

M. Hammer et J. Champy, *Le réengeneering*, Dunod, 2003.

Ouvrage de référence mondialement connu sur les techniques de « réorganisation » des entreprises et de leurs schémas de gestion.

Ouvrages de systèmes d'information

J. P. Laudon, K. Laudon, E. Fimbel, *Management des systèmes d'information*, Pearson, 2006.

La référence mondiale pour cet ouvrage volumineux (700 pages) qui aborde toutes les facettes du système d'information pour des non-informaticiens.

J. L. Lequeux, *Manager avec les ERP,* Éditions d'Organisation, 1999.

Comment la mise en place d'un ERP (*Entreprise Ressources Planning* ou Progiciel de gestion intégré) modifie-t-elle les techniques et les modèles de gestion et de pilotage dans les entreprises ?

J. L. Peaucelle, *Système d'information,* Economica, 1999.

Un ouvrage de synthèse sur la notion de système d'information avec des parties traitant du coût du système d'information.

En complément de ces ouvrages, nous vous conseillons la lecture de certaines revues comme :

Échanges : revue de la DFCG (http://www.dfcg.fr) qui aborde de nombreux thèmes en contrôle de gestion.

La revue française de comptabilité réalisée par l'Ordre des experts-comptables et qui aborde des thèmes de contrôle de gestion et de comptabilité de gestion (http://www.experts-comptables.fr/).

Comptabilité Audit Contrôle : revue de recherche de l'Association française de comptabilité (http://www.afc-cca.com).

Finance Contrôle Stratégie : revue de recherche qui traite des thèmes du pilotage, du contrôle et de l'aide à la décision en entreprise (http://gerard.charreaux.free.fr/fcs/).

La revue française de gestion : revue de recherche généraliste en gestion, traitant également de thèmes en contrôle de gestion (http://rfg.revuesonline.com/).

Quelques sites Internet en contrôle de gestion

Les sources d'information sont multiples, et leur besoin de mise à jour régulier tend à privilégier des supports intranet, à la condition que les contenus soient fiables. Nous avons recensé pour vous quelques sites qui contiennent des éléments de définition, de méthode, d'outil et d'actualité à propos de la fonction contrôle de gestion.

Sites

http://www.dfcg.com

> Site de l'association des directeurs financiers et des contrôleurs de gestion qui met à la disposition de ses membres des informations concernant la fonction contrôle de gestion.

http://www.piloter.org/

> Alain Fernandez, auteur d'ouvrages sur les tableaux de bord, anime ce site qui contient de nombreuses références au contrôle de gestion et aux outils de gestion de la performance en entreprise.

http://www.nodesway.com/

> Ce site donne des indications pour construire un tableau de bord opérationnel, de pilotage et stratégique. Il propose des méthodes et des modèles sous Excel.

http://solutions.journaldunet.com/

Ce site contient de nombreux articles sur des thématiques en contrôle de gestion et des exemples de projets en entreprise.

http://www.experts-comptables.com/

Site de l'ordre des experts-comptables qui contient de nombreuses informations et documents sur les pratiques de contrôle de gestion.

http://www.12manage.com/

Site international qui contient de nombreux articles en management et en contrôle de gestion.

http://fr.wikipedia.org

Encyclopédie universelle en ligne et gratuite qui contient de nombreux articles sur des thèmes de contrôle de gestion.

Les problématiques actuelles en contrôle de gestion

Le travail d'investigation que nous avons mené auprès de nombreuses entreprises et de leurs services contrôle de gestion nous a permis de formaliser le modèle d'évaluation fonctionnelle présenté dans cet ouvrage, mais aussi de lister les thèmes qui suscitent l'interrogation. Ce sont des questions que les dirigeants et/ou responsables des services contrôle de gestion se posent, et pour lesquelles ils désireraient avoir des éléments de réponse pour progresser dans la performance de cette fonction, et plus généralement de leur entreprise. Nous avons ainsi relevé les questions suivantes :

- Comment concevoir des tableaux de bord qui ne soient pas uniquement financiers ?

- Quels sont les éléments de rapprochement entre les démarches qualité et les pratiques de contrôle de gestion ?

- Quelles sont les lois d'optimisation d'utilisation du système d'information pour le contrôle de gestion ?

- Quel est l'apport des *datawarehouse* et des EIS (*Executive Information System*) en contrôle de gestion ?

- Comment le contrôle de gestion peut-il mettre en place et utiliser des informations de veille ?

- Qui sont les clients du contrôle de gestion ?

- Comment organiser la fonction contrôle de gestion dans une entreprise au regard de la stratégie déployée ?

- Le contrôle de gestion est-il une forme de pilotage stratégique ?

» Quelles sont les distances qui doivent être prises entre le contrôle de gestion et la comptabilité générale ?

» Est-ce que des pratiques de *benchmarking* peuvent être intégrées au contrôle de gestion ? Si oui, comment ?

» Quelle est la fonction d'organisation du contrôle de gestion ?

» Quelles compétences les contrôleurs de gestion doivent-ils posséder ?

» Quels sont les rapports entre le contrôle de gestion opérationnel et le contrôle de gestion siège ?

» Comment mettre en place un contrôle de gestion en relation avec une culture de résultats ?

» Comment les clients du contrôle de gestion utilisent-ils les tableaux de bord et analyses ?

» Quelles sont les relations entre les produits du contrôle de gestion et les actions entreprises par les acteurs sur le terrain ?

» Les techniques de *reporting* ont-elles encore un intérêt dans un contexte où la compétitivité est fonction de la réactivité ?

» Comment le contrôle de gestion peut-il être un instrument du changement dans l'entreprise ?

» Comment le contrôle de gestion peut-il mesurer des éléments immatériels tels que l'apprentissage ?

Ces questions sont des pistes de réflexion pour l'évolution de la fonction contrôle de gestion et des thèmes vis-à-vis desquels il est important de se doter des connaissances et compétences nécessaires pour les traiter.

Index des figures

Index thématique

www.ingramcontent.com/pod-product-compliance
Lightning Source LLC
Chambersburg PA
CBHW061306220326
41599CB00026B/4756